Chão de terra
e outros ensaios sobre São Paulo

Programa de Pós-Graduação em História Econômica
Faculdade de Filosofia, Letras e Ciências Humanas
Universidade de São Paulo

Universidade de São Paulo
Reitora: Suely Vilela
Vice-Reitor: Franco Maria Lajolo
Faculdade de Filosofia, Letras e Ciências Humanas
Diretor: Gabriel Cohn
Vice-Diretora: Sandra Margarida Nitrini
Departamento de História
Chefe: Profa. Dra. Maria Helena Rolim Capelato
Vice-Chefe: Prof. Dr. Marcos Francisco Napolitano de Eugenio
Programa de pós-graduação em História Econômica
Coordenador: Pedro Puntoni
Vice-Coordenadora: Vera Lúcia Amaral Ferlini

Chão de terra
e outros ensaios sobre são paulo

Raquel Glezer

Copyright © 2007 Raquel Glezer

Edição: Joana Monteleone
Assistente Editorial e diagramação: Guilherme Kroll Domingues
Projeto gráfico e capa: Clarissa Boraschi Maria
Revisão: Vivian Miwa Matsushita

Dados Internacionais de Catalogação na Publicação (CIP)
(Câmara Brasileira do Livro, SP, Brasil)

Glezer, Raquel
    Chão de terra e outros ensaios sobre São Paulo / Raquel Glezer.
– São Paulo: Alameda, 2007.

    Bibliografia
    ISBN 978-85- 98325-57-6
    1. São Paulo (SP) – História período colonial 2. Urbanização
– Brasil – São Paulo – História I. Título.

07-0957   CDD- 981.611021

Índice para catálogo sistemático:
1. São Paulo : Cidade : Período colonial : História 981.611021

[2007]
Todos os direitos reservados à

ALAMEDA CASA EDITORIAL
Rua Ministro Ferreira Alves, 108   Perdizes
05009-060   São Paulo – SP
Tel/Fax (11) 3862-0850
www.alamedaeditorial.com.br

ÍNDICE

Prefácio   9

Nos séculos passados: análises sobre a cidade   13

I. Chão de Terra   17

Apresentação   19
Introdução   27
Os estudos sobre São Paulo   35
A Lei de Terras e a terra urbana   53
As demarcações coloniais   71
Características da terra urbana   111
Fontes   123
Bibliografia   127
Agradecimentos   133

II. Outros ensaios   135

São Paulo como objeto: construção e uso   137
O campo da História   155
As transformações da cidade de São Paulo
no final do século XIX e no início
do século XX   167

Ruas do meu São Paulo,
Onde está o amor vivo,
Onde está?

Caminhos da cidade,
Corro em busca do amigo,
Onde está?

Ruas do meu São Paulo,
Amor maior que o cibo,
Onde está?

Caminhos da cidade,
Resposta ao meu pedido,
Onde está?

Ruas do meu São Paulo,
A culpa do insofrido,
Onde está?

Há-de estar no passado,
Nos séculos malditos,
Aí está.

Mário de Andrade, *Lira Paulistana*[1]

---

[1] Mário de ANDRADE. "Lira Paulistana". In: *Poesias completas*, ed. crítica de Diléa Zanotto Manfio. Belo Horizonte: Itatiaia/São Paulo: EDUSP, 1987. p. 355.

Prefácio

Raquel Glezer é historiadora cujos focos são o Brasil e as questões epistêmicas e metodológicas de sua área de conhecimento. Nessa ciência inexata – ainda se discute o próprio substantivo! – seu trabalho ostenta sempre a busca rigorosa de fontes e a criteriosa ponderação com que as emprega para análises e comparações, para a interpretação judiciosa e nunca anacrônica. Seu olhar de nosso tempo procura a precisão de uma narrativa consciente como sujeito partícipe, tão aceito hoje quanto o objeto tratado.

A autora exerce o ofício público de professora, alimentado também por essa perseguição de rigor e de comunhão com sua época, a realidade dos estudantes, os sonhos e desafios de sua instituição. O número de seus orientandos em tantas classes e bolsas de graduação corresponde, de forma nada corriqueira, à impressionante e seguida leva de mestrandos e doutorandos. Seguramente, tanta gente foi e continua atraída por sua pronta empatia e firmeza de condução.

Essa atenção e cuidado permanentes não limitam sua participação em inúmeros colegiados, instâncias e etapas de ensino, investigação e atendimento à sociedade não vinculada a compromisso acadêmico. Pelo contrário, nesses âmbitos significativos e crescentes da Universidade de São Paulo a presença assídua, afável e discreta de sua titular assevera colaboração rica e sólida. Múltiplos encargos que culminam na direção do Museu Paulista.

Consubstancia este livro tese de livre docência revista e ampliada, título oferecido por poucas universidades brasileiras e maior grau para a pesquisa. Desvela o surgimento de novo imposto local em nosso longo e peculiar processo de independência. Tributo de cunho urbano que prenuncia também o advento dos conceitos e procedimentos liberais para a propriedade e sua transmissão ao longo de todo o século retrasado, com implicações para a redefinição de competência e atribuições institucionais.

Novo imposto que insinua o surgimento de um outro sistema fundiário, associando o valor de uso ao valor de troca. Norma baixada pelo regente da única corte européia que se bandeou para uma colônia sua, a Décima Urbana, imposta para municiar melhorias a um modesto quadro citadino e à revelia dos edís cariocas, antecede a de compra e venda para prédios urbanos ou não e acena com outra convivência entre esferas de poder.

Com o esgotamento do sistema de sesmarias e de datas vilarengas vigente havia séculos, a intervenção da coroa na nova corte antecipa um outro. Prenunciou uma longa reformulação do domínio sobre a terra, que percorre os oitocentos quase que de cabo a rabo. Primeiro para o meio rural, bem mais tarde e plenamente para as cidades já sob a república. A Décima Urbana foi inovadora como instrumento do fisco e precursora de novas relações no âmbito privado e no público.

Além de preciosa contribuição para nossa história e para o entendimento daquelas profundas e decisivas mudanças, esta obra tem toda atualidade. De fato, a mundialização ora em curso, a par da voraz concentração de capitais e de determinados empreendimentos também urbanos, repta, inibe e desmobiliza os controles e agentes do Estado em todas as suas esferas e respectivos territórios. Impotência federal, míngua dos serviços estaduais de planejamento, submissão ou conivência dos municípios atingidos.

Problemas de convívio e distribuição dos moradores no lugar competem preponderantemente à administração municipal ou à primeira instância de justiça. Relações socioeconômicas e culturais, atividades rurais ou urbanas, bairros residenciais, manufatureiros ou de serviço podem, entretanto, envolver outros níveis de governo. Como ocorreu noutra época e para nosso caso aqui exemplarmente deslindado.

O impacto da inopinada instalação da corte portuguesa motivou o estabelecimento de nova taxação no Rio de Janeiro à imagem de experiência metropolitana então recente e à revelia da tradição concelhia trasladada desde o início para as colônias. Esta a lacuna preenchida e agora oferecida para o mais amplo público, com o desdobramento mencionado e a feliz oportunidade que ganhou este *Chão de Terra e outros ensaios*.

Murillo Marx
Professor da Faculdade de Urbanismo e Arquitetura
da Universidade de São Paulo

Nos séculos passados: análises sobre a cidade

Os textos editados neste volume possuem alguma redundância, pois são resultados das pesquisas realizadas sobre a cidade de São Paulo, sua história, o processo de urbanização, entre os anos oitenta e noventa do século XX.

Nos anos 1990 contamos com o apoio do CNPq, em projetos integrados, com equipes diferenciadas: o projeto "São Paulo: os homens e a cidade", entre 1994-1996, foi estruturado com a Profa. Dra. Laima Mesgravis, e coube a mim a parte da cidade; o AI – "São Paulo 2000: problemas estruturais da metrópole", entre 1996-2000, foi composto de uma equipe multidisciplinar com os Profs. Drs. Lucio Kowarick, Flávio Saes, Maria Helena Oliva Augusto e outros, e o subprojeto foi composto relativo à questão da propriedade de terra urbana.

Não incluímos todos os textos apresentados em palestras, conferências e comunicações em eventos científicos, pois apresentam muitas repetições pela própria característica da situação.

Alguns dos textos produzidos são mais facilmente localizados, como o texto editado em livro[1] e os artigos publicados em revistas científicas e atas de congressos científicos.[2] Os trabalhos em paralelo de alunos de Mestrado e Doutorado estão indicados, quando pertinente, nos textos e nas notas.

---

[1] Visões de São Paulo. In: *Imagens da cidade – séculos XIX e XX*, organizados por Stella Bresciani. São Paulo: ANPUH/SP; Marco Zero; FAPESP, 1994, p. 163-175.

[2] São Paulo e a elite letrada brasileira no século XIX. *Revista Brasileira de História*, ANPUH, v. 12, p. 19-30, 1992; São Paulo, cem anos de perímetro urbano. *História*, Ed. UNESP,

Os trabalhos de orientações de iniciação científica, que anualmente apresentam os resultados parciais de subprojetos vinculados ao tema da urbanização da cidade de São Paulo, sua história, suas fontes não foram relacionados, pois alguns ainda estão em desenvolvimento como pesquisas autônomas.

Algumas questões sempre são levantadas nas apresentações de nosso trabalho: onde estão os homens que fazem a história? Onde estão as imagens que possibilitam alguma identificação do passado? Afinal, qual é o problema da cidade?

Os homens, em nosso entender, fizeram e fazem a cidade, produto material e imaterial das relações sociais e econômicas complexas, mesmo que não saibam o que fizeram ou estão fazendo. São atores, agentes da ação social, mas nem sempre em condições de compreender a totalidade e complexidade do fenômeno em que estão inseridos e atuando.

Em nosso trabalho, homens são mais pacientes que agentes, pois sofrem os resultados de ações e decisões tomadas por outros homens, cujas resultantes só se tornaram visíveis e compreensíveis em épocas posteriores. Os agentes sociais, na perspectiva que adoto de história urbana, não captam das contingências complexas em que estão inseridos e pouco conseguem atuar de forma consciente. Se fossem atores conscientes de suas opções e seus atos, não teríamos em nossos dias o caos urbano das grandes metrópoles brasileiras.

Com certeza, ninguém desejou, conscientemente, tomar decisões e definir possibilidades de vida urbana que, nos séculos e anos posteriores, levassem todos os habitantes (sem exclusão de classe) a estar nas situações de risco que dominam as cidades brasileiras, que as tornam tão perigosas como áreas conflagradas: expansão descontrolada, ocupação de

---

v. 13, p. 155-166, 1994; Saudades da cidade. *Revista da Biblioteca Mário de Andrade*, SMC/SP, v. 55, p. 89-98, 1997; Braças e léguas: transformações da propriedade urbana no Brasil (século XVI a XIX). *Actas do XII Congresso Internacional de AHILA, 1999*. Porto: Centro Leonardo Coimbra –Faculdade de Letras da Universidade do Porto, 2002. Vol. 5, p. 563-573.

áreas de risco, infra-estrutura inexistente ou falha, violência espraiada, trânsito descontrolado.

Quanto ao uso de imagens, todos os pesquisadores sabem que a iconografia paulistana é reconhecidamente escassa para os séculos anteriores ao XX. Não quis usar as imagens produzidas pelos viajantes oitocentistas, que considerei e considero sem pertinência para a compreensão do assunto em pauta, pois são paisagens em aquarelas, destacando o casario baixo e as torres das igrejas. Os mapas são utilizados quando pertinentes e só nas circunstâncias em que esclarecem as análises.

As imagens fotográficas sobre a cidade que existem, datam de meados do século XIX, uma década depois da data final da legislação explorada para a construção do texto "Chão de terra", e para serem utilizadas demandam um trabalho analítico muito cuidadoso, que não é nossa especialidade.

Nossa opção foi trabalhar com um aspecto estrutural da história da cidade – a questão da propriedade e da posse da terra na cidade. Diversamente do campo, sobre o qual há diversos estudos relevantes sobre a questão da terra e das propriedades imobiliárias, quando fizemos nosso projeto, havia algumas propostas explicativas, que em nosso entender, cobriam alguns aspectos, mas deixavam outros encobertos. A resposta marxista mecanicista – a do Estado a serviço das classes dominantes, não nos parecia muito explicativa para o fenômeno que vivenciamos e queríamos entender.

De modo geral, não apresentamos as leituras teóricas sobre cidades, urbanização e problemas urbanos, que é preocupação constante nossa. Preferimos fazer textos sintéticos, com os resultados das análises realizadas. Consideramos nosso trabalho como o de um pedestre, que vai caminhando lentamente pelos espaços e territórios, observando o entorno, o meio ambiente, as marcas materiais e as simbólicas, e que depois, procura entender o que conseguiu ver, com as limitações existentes, buscando ultrapassar o que é visível e atingir o estrutural. Às vezes, encontramos fenômenos complexos, de longa duração, como o da terra urbana. Outras vezes exploramos o simbólico e o imaginário de e sobre a cidade.

Sabemos que, em nossos textos sobre a história da cidade de São Paulo e sua urbanização, indicamos mais caminhos do que esgotamos as fontes e as possibilidades de análise.

No caso de análises das produções historiográficas paulistas, outros historiadores, como Ilana Blaj,[3] Tânia Regina de Luca,[4] Antonio Celso Ferreira[5] e seus alunos, realizaram aprofundamentos em aspectos que apontamos e não fizemos.

Quanto ao tributo Décima Urbana, seus dados foram retomados por Maria Lucilia Viveiros Araújo[6] e por Beatriz P. Siqueira Bueno.[7]

E na área específica da história urbana da cidade de São Paulo, a proposta vem sendo completada por trabalhos desenvolvidos na Faculdade de Arquitetura e Urbanismo da USP, como os Livia Vierno Rodrigues de Moura,[8] Lucia Noemia Simoni[9] e Conceição de Maria Ferraz de Varon.[10]

E, em outros textos, continuaremos a explorar as fontes sobre a história urbana da cidade de São Paulo.

---

[3] Ilana Blaj. *A trama das tensões*. O processo de mercantilização de São Paulo colonial (1681-1721). São Paulo: Humanitas/FFLCH/USP; FAPESP, 2002.

[4] Tânia Regina de Luca. *A Revista do Brasil: um projeto para a (N)ação*. São Paulo: Ed. UNESP, 1998.

[6] Antonio Celso Ferreira. *A epopéia bandeirante: letrados, instituições, invenção histórica (1890-1940)*. São Paulo: Ed. UNESP, 2002.

[6] Maria Lucilia Viveiros Araujo. *Os caminhos da riqueza dos paulistanos na primeira metade do Oitocentos*. São Paulo, 2003. Doutorado em História Economica/FFLCH/USP.

[7] Beatriz Piccolotto Siqueira Bueno. Tecido urbano e mercado imobiliário em São Paulo: metodologia de estudo com base na Décima Urbana de 1809. *Anais do Museu Paulista História e Cultura Material*, São Paulo, v. 1, n. 13, p. 59-97, 2005.

[8] Livia Vierno Rodrigues de Moura. *Semeadas e ladrilhadas: vilas e cidades no Brasil colônia*. São Paulo, 2003. Doutorado em Arquitetura e Urbanismo/FAU/USP.

[9] Lucia Noemia Simoni. *O arruamento de terras e o processo de formação do espaço urbano no município de São Paulo*. São Paulo, 2003. Doutorado em Arquitetura e Urbanismo/FAU/USP.

[10] Conceição de Maria Ferraz de Varon. *São Paulo: terra, propriedade e descontrole*. São Paulo, 2006. Doutorado em Arquitetura e Urbanismo/FAU/USP.

I. Chão de Terra

Apresentação

O trabalho que ora apresento sobre São Paulo, vila e cidade, possui significação complexa para mim.[1]

Por um lado, uma reconciliação com minha profissão e formação acadêmica. Após muitos anos retomei os estudos de História Urbana, área em que fizera um projeto de dissertação de Mestrado entre 1967 e 1968.[2] A pesquisa era parte integrante de um estudo internacional sobre a urbanização latino-americana, abrangendo vários países, coordenado internacionalmente pelo Prof. Dr. Frèderic Mauro, e, em São Paulo, pela Profa. Dra. Emilia Viotti da Costa.

A cassação da professora Viotti da Costa e sua posterior saída do país desestruturaram os grupos de pesquisa sob sua orientação, e, dos vários trabalhos previstos sobre urbanização, apenas um foi concluído.[3] Durante alguns anos, História Urbana foi apenas um nome marcando etiquetas, identificando pastas contendo projeto, relatórios, leituras e pesquisas.

Após o doutorado, quando resolvi fazer um novo projeto de pesquisa, me aproximei de novo da área de História Urbana, refazendo leituras e reflexões, e escolhi a cidade de São Paulo como objeto de estudo.

---

[1] Texto apresentado como tese no Concurso de Livre Docência em Metodologia da História, no Departamento de História/FFLCH/USP/, em 1992. Está sendo publicado com alterações.

[2] Com o projeto "Um estudo de urbanização na área cafeeira: a cidade de Ribeirão Preto", obtive Bolsa de Mestrado I e II da FAPESP, mar. 1967/jul. 1968.

[3] Vide Dióres Santos Abreu. *Formação histórica de uma cidade pioneira paulista: Presidente Prudente*. Tese de doutorado. FFCL-Presidente Prudente. Presidente Prudente, 1972.

Outra reconciliação é com o próprio objeto de estudo. Os que nasceram na cidade de São Paulo nos anos 1940 tiveram a experiência de vivenciar a perda de marcos referenciais da cidade natal. Afinal, São Paulo no início dos anos 1950 era uma cidade considerada de grande porte entre as nacionais, com aproximadamente 2 milhões de habitantes, possuindo áreas definidas: havia o "centro" da cidade, com órgãos públicos, grandes edifícios, núcleos demarcados de atividades administrativas, comerciais e culturais, servido por uma rede de transportes coletivos, bondes ou ônibus.

Era uma cidade relativamente bem cuidada, com serviços básicos de iluminação, água e esgoto implantados na maioria dos bairros, com casario baixo, espalhado, intercalado por grandes "vazios", com os córregos e ribeirões a céu aberto. A área central era assinalada pelos altos edifícios, cercada por bairros horizontais e esparramados.

A partir dos anos 1960 a transformação teve inicio: violenta explosão demográfica, adensamento vertical em todas as regiões criando um *sky-line* recortado e agressivo em toda a cidade e valorização das propriedades imobiliárias deslocando parte dos habitantes para novas áreas. Simultaneamente, ocorreram grandes projetos de intervenção urbana, como o começo da implantação da rede de transporte metropolitano; a construção de grandes viadutos e avenidas de fundo de vale, acelerando a destruição das áreas verdes; e a invasão das várzeas dos córregos, ribeirões e rios.

Formas características de identificação e reconhecimento da realidade urbana foram alteradas: os bairros industriais e operários foram deslocados, a identificação de alguns bairros com grupos étnicos desapareceu, e determinados códigos foram abandonados pelo fato de sua significação ter sido transformada: é o que ocorreu com a noção de "centro" e de "além-Tamanduateí".

Durante muitas décadas a marca da cidade foi o rio Tamanduateí: as enchentes anuais, os problemas que a urbanização do início do século trouxera para as suas margens, o isolamento dos bairros ribeirinhos etc. eram temas constantes de noticiários, campanhas eleitorais e conversas.

No processo ocorrido nos anos 1970 e 1980, o rio Tamanduateí foi transformado, em parte de seu curso, em mais uma pista de avenida. O longo trabalho de aprofundamento da calha, de alargamento e canalização das margens, a construção das avenidas marginais que ainda está sendo realizada nos municípios vizinhos mais próximos de sua nascente, retiraram-no não só do noticiário constante, mas também do visual e referencial citadino.

O Tamanduateí como ponto de referência urbana foi substituído pelo Tietê e pelo Pinheiros. Esse processo decorreu do crescimento de outros bairros e foi acompanhado pela transferência e criação de novos centros administrativos, comerciais e culturais.

O termo "cidade" no sentido usual dos anos 1950, de identificação da região central, que abrangia o "centro velho" e o "centro novo", perdeu sua razão e sentido. O que é cidade hoje? Ou melhor dizendo, o que não é cidade hoje?

Quando iniciei os estudos sobre a cidade, no início da década de 1980, a população da cidade era de 8.332.019 e as previsões para a década seguinte, assustadoras, eram entre 13 milhões ou 15 milhões, embora os demógrafos já chamassem a atenção para a tendência de diminuição da taxa de natalidade, e portanto, do crescimento. As previsões catastróficas não se concretizaram. Os dados preliminares do Censo de 2000 indicam população de 10.435.546[4] milhões e está espalhada por cem quilômetros de extensão. Na área metropolitana há trinta e nove municípios, a maioria dos quais transformados em "cidades-dormitórios" para a população de baixa renda, que trabalha na cidade e gasta diariamente de três a quatro horas em transporte nos deslocamentos *casa-trabalho-casa*.

Os códigos de reconhecimento e identificação para essa cidade, com sua extensão física e espacial e volume populacional, são extremamente difíceis.

---

[4] Os dados sobre população foram obtidos em Análise demográfica regional: Região da Grande São Paulo, de Ana Maria Goldoni Altmann, São Paulo: SEADE, 1983, e os referentes ao Censo de 2000 disponíveis em <www.ibge.gov.br/cidadesat/topwindow.htm?1>. Ver Retrato de São Paulo, que indica 9.480.422 habitantes para a cidade de São Paulo. *O Estado de S. Paulo*, São Paulo, 09/02/1992.

As transformações, mesmo quando acompanhadas em seu desenvolvimento, aparecem como surpreendentes para os habitantes mais antigos. De certa forma, contribuem para a sensação de alheamento e desligamento da vida urbana. Mesmo o mais calejado habitante da metrópole precisou criar mecanismos de proteção para sobreviver psicologicamente às mudanças ocorridas no espaço urbano e no modo de vida.

Até os estudiosos, que percorrem a cidade buscando as alterações, são surpreendidos por elas. Passar por um local, qualquer que seja ele, em qualquer um dos bairros da cidade, mais central ou mais distante, após alguns anos, dois ou cinco, é sempre se defrontar com novidades e surpresas.

Alguns dos velhos bairros foram submetidos a violentas intervenções urbanas, quer para introdução de novos meios de transporte público, quer para canalização de córregos e ribeirões; e, em outros, aparentemente mais preservados, a paisagem urbana foi transformada: as velhas casas e sobrados, que permitiam visualmente a recuperação da ocupação da cidade no início do século XX pelos imigrantes e seus descendentes, foram destruídas ou tiveram seu uso alterado. Em quase todos os bairros o processo de verticalização se implantou, as áreas verdes dos "vazios" urbanos desapareceram junto com lagoas, córregos, ribeirões e suas várzeas.

Os novos bairros nasceram em áreas que até poucos anos atrás ainda estavam vazias e que hoje estão ocupadas, quer com conjuntos residenciais para população de baixa renda, quer com edifícios de nomes pomposos para população de renda média, quer com condomínios fechados, definidos por seus construtores como de alto padrão para a população de maior renda e elevado poder aquisitivo.

A trama da riqueza e da miséria, coladas lado a lado, se encontra, de forma característica, em todas as regiões da cidade. Miseráveis, pobres, remediados e ricos habitam a cidade, espalhados, dispersos e misturados pelo tecido urbano, em modo difícil de ser captado.

O poder público desmembrou bairros antigos e surgem novas denominações que mascaram as tradicionais. No interior dos bairros centenários, que foram originalmente industriais com moradias operárias, hoje são encontrados tanto os galpões industriais subdivididos em novas empresas, como as antigas residências com uso alterado para fins comerciais ou de serviços. Quarteirões inteiros, que estavam ocupados por fábricas, foram destruídos para dar lugar a condomínios semi-fechados: quase um condomínio isolado, mas que ao contrário de seus congêneres suburbanos, está destinado a famílias de renda média, oferecendo não o isolamento quase rural, mas a inserção no tecido urbano, os serviços, melhoramentos, transportes e a proximidade com a antiga área central.

Durante os últimos trinta anos de transformações, os meios de comunicação de massa, que também cresceram e se fortaleceram, descreveram a cidade de São Paulo, quase que ao mesmo tempo, como objeto de desprezo e de atenção.

De maneira quase ciclotímica, a cidade foi e é alvo de tratamento que raia ao amor e ao ódio. Seus habitantes foram considerados perigosos contestadores, opositores do progresso, quando das violentas remodelações urbanas ocorridas no decorrer dos governos do período autoritário, com prefeitos nomeados, que poucas contas prestavam à população submetida ao seu arbítrio.

Algumas vezes foram mesmo classificados de "neuróticos urbanos", principalmente quando as votações eleitorais não eram satisfatórias para os governantes. Hoje, seus habitantes são considerados formadores de opinião pública e cortejados pelo poder público em suas diversas instâncias. Do mesmo modo conflitante, a cidade foi e é descrita como o campo da violência, do individualismo exacerbado, das tensões psicológicas insuportáveis, área de conflito social iminente, local a ser abandonado pelos sãos e ricos. Muitas propagandas imobiliárias ressaltam os perigos urbanos e exaltam o bucolismo "rural" dos condomínios fechados.

Periodicamente, a cidade é alvo de demonstrações de afeto: nos mesmos veículos de comunicação de massa que tanto denigrem o viver na cidade, se encontram elogios sobre as condições de vida, a riqueza de seu universo cultural, seu cosmopolitismo, em oposição a outras cidades nacionais. Elogiam os seus escassos e maltratados parques e a perseverança teimosa da população que nela nasceu ou veio e se aclimatou e aculturou. Eventualmente exaltam a convivência das diferenças econômicas, culturais, étnicas e sociais. Às vezes, procuram criar a unidade homogênea que corresponda à idéia mítica de sociedade nacional.

O poder público, a iniciativa privada e os meios de comunicação de massa buscam criar significações e identificações urbanas. Áreas são escolhidas para receber um outro significado, como por exemplo, a Praça da Sé, que após as brutais remodelações provocadas pelo sistema de transporte metropolitano, de "marco zero", local de atividade religiosa e concentração de atividades judiciais, sem perder as funções existentes, foi transformada em "espaço cultural" e "espaço cívico", para manifestações de natureza política.

A Avenida Paulista, atual centro financeiro e empresarial, após ter sido o símbolo da "oligarquia paulista cafeeira e industrial", foi transformada em palco de desfiles, manifestações comemorativas e protestos políticos. É hoje área simbólica do domínio dos veículos de comunicação eletrônica e foi escolhida pela população como símbolo da cidade nos anos 1990. A escolha foi em eleição direta, promovida por um dos grandes conglomerados bancários, que não possui ali sua sede, embora a marque com o elemento definidor por excelência das metrópoles contemporâneas: um gigantesco relógio digital que irradia seu controle e serve de marco visual para a população em geral.

E é agora símbolo tão forte e identificado com a cidade e seus moradores, que séries de propagandas são realizadas em seus espaços mais conhecidos para criar a identificação com produtos e produtores.

O último espaço que está sendo submetido ao processo de mudança de significação é o Vale do Anhangabaú, após a conclusão da remodelação espacial e de uso.

Algumas vezes, a própria complexidade da realidade urbana impede que o projeto idealizado de significação simbólica se concretize. E o caso da Praça da Sé, que, apesar dos esforços do poder público para dar-lhe nova identificação, acabou permanecendo na percepção espacial apenas residualmente.

Estudar a cidade é uma tentativa de compreender um fenômeno complexo que, na maior parte das vezes, acaba escapando para o ideológico, o folclórico e o mito.

A trajetória da pesquisa foi tão emaranhada como o próprio objeto. A proposta inicial esbarrou em obstáculos desanimadores. A procura de documentação foi dificultada pelos inevitáveis entraves burocráticos, desorganização de acervos etc.

No compulsar da documentação foi encontrado tanto material paralelo rico de possibilidades e sugestões para outras pesquisas! Tantas questões ainda a serem formuladas e não respondidas!

Dentre as múltiplas possibilidades de estudo que a cidade de São Paulo oferece ao pesquisador, escolhi a questão da terra, isto é, das características e especificidades da propriedade e uso do solo na área urbana.

Este trabalho, que ora apresento, foi desenvolvido de maneira lenta. Sua estruturação foi realizada nos últimos doze meses mas em seu interior há elementos que foram apresentados isoladamente em eventos científicos, desde 1980, conforme indico.[5]

---

[5] Comunicações apresentadas em eventos científicos: "Mitos sobre a metrópole brasileira: aula no Curso Ensino de História: Mitos e Estereótipos – 32ª Reunião Anual da SBPC no Rio de Janeiro – RJ, julho de 1980.

"Evolução urbana da cidade nos século XIX e XX", comunicação de pesquisa apresentada ao XI Simpósio Nacional – História e Historiografia da ANPUH, em João Pessoa – PB, jul. 1981.

"O processo urbano no estado de São Paulo", texto apresentado na mesa-redonda "O Processo Urbano no Estado de São Paulo", no Ciclo de Seminários do CONDEPHAAT-SP, em São Paulo – SP, ago. 1983.

"Cidade & Poder", curso ministrado no V Encontro Estadual de História – Cidade e Poder, do Núcleo de Minas Gerais da ANPUH, em Uberlândia – MG, jul. 1986.

"Historiografia sobre cidades" comunicação de pesquisa apresentada no VIII Encontro de História de São Paulo do Núcleo São Paulo da ANPUH, em Campinas – SP, ago. 1986. "Reconciliação", texto apresentado na mesa-redonda do Encontro do grupo "Cidade" do Núcleo São Paulo da ANPUH, no Museu da Casa Brasileira, maio de 1988.

"Visões de São Paulo oitocentista", texto apresentado na sessão de comunicação coordenada do Grupo "Cidade" no X Encontro de História de São Paulo do Núcleo São Paulo da ANPUH, em Franca – SP, set. 1990.

"O crescimento de São Paulo", texto apresentado no Seminário Universidade nos Bairros da Secretaria Municipal de Cultura e SBPC-SP, módulo II, jun. 1991.

"Visões de São Paulo", texto apresentado na mesa-redonda "Questão urbana" no XVI Simpósio Nacional Memória, História e Historiografia da ANPUH, no Rio de Janeiro – RJ, jul. 1991.

"Questões sobre a urbanização brasileira", conferência na IV Semana de História da Universidade Federal do Amazonas e Núcleo do Amazonas da ANPUH, em Manaus – AM, out. 1991.

"A História e a cidade", texto de aula no Curso Permanente de História de São Paulo (Atualização) Os campos de conhecimento e o conhecimento da cidade, no Museu Paulista/USP, nov. 1991.

Introdução

Quando se fala em cidades brasileiras, a imagem que surge em mente, de modo automático, é a da cidade na qual se vive, a que se conhece, a cidade de hoje. Ao tentar uma generalização, pensando em cidades brasileiras, a memória só alcança e se prende às grandes cidades, metrópoles ou cidades médias, as quais, com exceção do Rio de Janeiro e algumas outras esparsas, são quase sempre cidades do século XX.

Como cidade é o visível, o espetacular, o monumental, nunca ocorre perguntar o que ela significou em outro momento, qual a sua dimensão espacial, quais as suas características marcantes.

A cidade de São Paulo é hoje, em população, a segunda metrópole latino-americana, contendo 18.000.000 de habitantes na área metropolitana em 2002.[1] As dimensões são assustadoras e dificultam a sua apreensão como objeto de estudo.

Em cidade de tal proporção, como a conhecer? Como a entender? Como passar da imagem espetacular e fragmentada para o conhecimento?

Como essa cidade ficou tão grande?

Geralmente, quando se estuda uma cidade, de forma imediata se procura o conhecido, pontos referenciais do passado, apoios e alavancas para o processo de reconhecimento.

Mas a cidade de São Paulo, diferentemente de outras tantas cidades brasileiras, que também surgiram no período colonial, começou a adquirir sua espacialidade e configuração atual nos últimos decênios dos oitocentos, de maneira que muito do que hoje é considerado marco vi-

---

[2] Dados disponíveis em <www.seade.gov.br/produtos/iprs/analises/RMSP.pdf>

sual, memória histórica, elemento de significação e identificação urbana possui aproximadamente 100 anos.

Em sua longa existência – 453 anos, pois o colégio dos jesuítas (que foi o núcleo original) data de 1554 – foi vila por cerca de 150 anos, e cidade, sem maiores referências, por outros quase 180, sempre com pequena população e pouca expressão econômica e política.

Hoje, as descrições da cidade exaltam o cosmopolitismo, a diversidade que a compõe em todos os seus aspectos e chegam mesmo a citar ufanisticamente o passado glorioso como uma espécie de explicação do presente. Mas o presente é criação e não herança recebida.

Realizar um estudo sobre cidade no Brasil, qualquer que seja o objeto escolhido, é tarefa complexa e difícil, principalmente se for para fugir à praxe quase geral de exaltação dos fundadores.

Embora estudos sobre cidades e aspectos característicos da vida urbana existam, raros são os autores que se propuseram e se propõem a estudar o urbano como fenômeno em si e não como "locus" do acontecimento.

Em História do Brasil, o tema da urbanização foi objeto de poucos estudos, todos datados do século XX.

Sérgio Buarque de Holanda foi o primeiro autor que buscou a compreensão do processo de ocupação urbana, em seu livro *Raízes do Brasil*. Na 1a. edição alguns aspectos estão explorados nos capítulos III e VI (sic), *O passado agrário*. Nas edições posteriores consta um capítulo novo, *O semeador e o ladrilhador,* no qual, sob forma ensaísta, fundamenta as diferenças percebidas no processo de urbanização na América, entre as colônias dos dois países ibéricos, como decorrentes da relação política interna e da relação do poder metropolitano com a área dominada, partindo da concepção de cidade como criação mental, na perspectiva de Simmel.[1]

Gilberto Freire, em *Sobrados e mucambos*, a estuda como contraponto do mundo rural, no século XVIII, indício de decadência do patriarcado rural e como área de introdução de novos usos e costumes, sendo os seus habitantes influenciados por leituras e vivências originárias dos países europeus,

---

[1] Sérgio Buarque de Holanda. *Raízes do Brasil*. Rio de Janeiro: José Olympio, 1969. Ver cap. IV, p. 61-100.

considerados modelos. Na 2a. edição, de 1949, o autor reitera a perspectiva da unicidade do que denomina de organização patriarcal em todo o país, complexo patriarcal, monocultor, latifundiário e escravocrata.[2]

Plínio Salgado, em obra pouco conhecida e mais de cunho literário que histórico, escrita em seu exílio em Portugal, identifica o processo de urbanização ao de ocupação e colonização, percorrendo a história nacional. Apesar do título, em *Como nasceram as cidades no Brasil*, elas aparecem como acessórios ilustrativos, sem maiores explicações.[3]

Nelson Omegna, escrevendo na década de cinqüenta, em *A cidade colonial*, procura avançar no processo explicativo, estruturando em três partes os aspectos possíveis de serem estudados: alma e fisionomia da cidade colonial; a cidade colonial e as classes sociais, e a economia da cidade colonial. Ele tenta relacionar os elementos residuais do período colonial na cidade de São Paulo com o contemporâneo que vivia, estudando como o poder metropolitano se relacionava com o poder local, de forma relativamente simplista.[4]

Nos anos setenta, Emília Viotti da Costa, ao estudar o Brasil em fins do século XIX, dedica um capítulo ao tema da urbanização em que destaca a impossibilidade de usar as formas clássicas de urbanização do sistema capitalista como paradigmas e considera a fragilidade da vida urbana como decorrente tanto da sobrevivência da estrutura de produção colonial como do predomínio político dos proprietários rurais.[5] Seu texto indica a necessidade de estudos mais sistemáticos para encontrar a especificidade da vida urbana no Brasil colonial e imperial.

A leitura e a análise cuidadosa dos textos indicam que a preocupação dos autores era com o tema da colonização, mais do que com o tema da urbanização. A questão da colonização foi lançada por Capistrano de

---

[2] Gilberto Freire. *Sobrados e mucambos.* Decadência do patriarcado rural e desenvolvimento do urbano. Rio de Janeiro/São Paulo: José Olympio, 1951. 3 v.

[3] Plínio Salgado. *Como nasceram as cidades do Brasil.* São Paulo: Voz do Oeste/INL-MEC, 1978.

[4] Nelson Omegna. *A cidade colonial.* Rio de Janeiro: José Olympio Ed., 1961.

[5] Emília Viotti da Costa. "Urbanização no Brasil no século XIX". In: *Da monarquia à república: momentos decisivos.* São Paulo: Grijalbo, 1977, p. 179-208.

Abreu em 1907, em estudo clássico. Considera ele os 300 anos de colonização, de maneira depreciativa, destacando o isolamento da escassa e dispersa população e sua composição mestiça.[6]

Desde então, o tema da colonização passou a ser objeto de grande preocupação dos historiadores, gerando vasta produção, muitas vezes permeada por pesado viés ideológico e raiando mesmo à xenofobia, mas de fundamental importância e significação para os estudos históricos e historiográficos.

Contudo, nos anos setenta do século XX, os estudos históricos no Brasil, principalmente os acadêmicos, sofreram um redirecionamento. Em sua grande maioria, os jovens pesquisadores que estavam iniciando suas atividades, em decorrência da expansão do ensino superior, da introdução dos cursos de Pós-graduação e das transformações econômicas e sociais ocorridas nas décadas anteriores, dirigiram sua atenção para o final do século XIX e início do XX, conforme Amaral Lapa reconhece.[7]

Entretanto, mesmo com o redirecionamento dos estudos para um momento historicamente mais próximo, o tema da urbanização continuou sendo relegado a segundo plano.

Historiadores, diversamente de sociólogos, arquitetos, economistas, antropólogos e urbanistas, em geral, não estão muito interessados no campo da história urbana.

Se existem numerosos estudos urbanos, por outro lado, com exceção da área do planejamento urbano, não há quantidade suficiente de estudos sobre o processo de urbanização em si mesmo, nas variadas especializações. Há autores que exploraram alguns aspectos do tema, como Paul Singer, embora não na ótica do interesse específico desse trabalho.[8]

No ângulo desejado para esse trabalho, que é o da compreensão do processo histórico da especificidade da área urbana desde o início do

---

[6] Capistrano de Abreu. "Três séculos depois". In: *Capítulos de história colonial*. Rio de Janeiro: Civilização Brasileira/ MEC, 1976, p. 189 – 213.

[7] José Roberto do Amaral Lapa. *A história em questão*. (Historiografia brasileira contemporânea). Petrópolis: Vozes, 1976, ver p. 29-55, e *História e historiografia: Brasil pós-64*. Rio de Janeiro: Paz e Terra, 1985.

[8] Ver Paul I. Singer. *Desenvolvimento econômico e evolução urbana* (análise de evolução econômica de São Paulo, Blumenau, Porto Alegre, Belo Horizonte e Recife). São Paulo: Nacional, 1977, e, *Economia política e urbanização*. São Paulo: Brasiliense, 1978.

período colonial, de sua clara separação das áreas rurais pela legislação, usos e costumes, quase nada é encontrado como bibliografia de apoio.

O entendimento de como se deu o crescimento espacial da cidade de São Paulo nos finais do século XIX e início do XX pode ser auxiliado pelo conhecimento do processo prévio.

Existem algumas obras básicas, de consulta obrigatória para os estudiosos do tema da formação das áreas urbanas, que não são de historiadores.

Uma delas, clássica e sem continuadores, é a de Aroldo de Azevedo, que estuda o processo de formação das vilas e cidades no período colonial, a única que permite a percepção e visualização do desenvolvimento do processo de urbanização entrelaçado ao próprio processo de ocupação e colonização.[9]

Os arquitetos, especialmente os dedicados à história do projeto e do urbanismo, contribuíram e contribuem para o conhecimento e a formulação de hipóteses sobre a questão.

Na década de sessenta, Nestor Goulart Reis Filho questiona a proposta ensaísta de Sérgio Buarque de Holanda, definindo que as formações urbanas brasileiras deveriam ser objetos de estudos científicos, como parte da estrutura dinâmica de rede urbana. A estruturação da rede urbana foi concebida como decorrente do processo social, exigindo o conhecimento do sistema social da colônia e da política de colonização portuguesa. Segundo seu modelo explicativo, havia uma política de urbanização na colonização, que teve momentos diferentes, sendo o seu estudo dedicado ao primeiro deles.[10]

De forma semelhante, Paulo F. dos Santos, em texto de circulação restrita, busca explicar o processo de formação das cidades no período colonial, relacionando-as com os modelos urbanísticos e arquitetônicos renascentistas, detendo-se com mais vagar na documentação pertinente ao século XVIII.[11]

---

[9] Aroldo de Azevedo. *Vilas e cidades do Brasil colonial*. Ensaio de Geografia urbana retrospectiva. São Paulo, 1956

[10] Nestor Goulart Reis Filho. *Contribuição ao estudo da evolução urbana do Brasil (1500/1720)*. São Paulo: Pioneira; Edusp, 1968.

[11] Paulo F. Santos. *Formação de cidades no Brasil colonial*. V Colóquio Internacional de Estudos Luso-Brasileiros. Coimbra: Gráfica de Coimbra, 1968.

Murillo Marx tem destacado em seus estudos aspectos até então negligenciados: a intervenção do poder eclesiástico na conformação das áreas urbanas coloniais e a posterior perda do espaço religioso para a sociedade em processo de laicização, com a decorrente apropriação do patrimônio territorial religioso.[12]

Esse trabalho possui uma certa afinidade com os desenvolvidos por ele, embora realizado de forma autônoma, e com outro ponto de partida.

O texto de Carlos Nelson F. dos Santos, *A cidade como um jogo de cartas*, baseado em sua tese para professor titular na Escola de Arquitetura e Urbanismo da Universidade Federal Fluminense, ao retomar a discussão teórica sobre o papel social do planejamento urbano, destaca em capítulo sintético, *As cidades como puderam ser no Brasil*, a difícil relação entre o legal e a realidade, no processo de ocupação dos terrenos.[13]

As discussões teóricas realizadas no campo internacional e no latino-americano sobre a cidade, o fenômeno da urbanização e as relações entre campo e cidade, foram acompanhadas ao longo do período em que esse trabalho de pesquisa foi se desenvolvendo, mas a sua apresentação exigiria muito mais do que um simples capítulo, seria um outro trabalho.

A dificuldade de utilização de estudos e explicações modelares para a apreensão de fenômenos sociais em regiões de processo histórico diferenciado, como no caso do Brasil, foi destacada por Vilmar Faria, em seu texto.[14]

Ao selecionar a questão da terra, ou seja, da propriedade do solo urbano, trabalho com o que denomino de terra urbana. No trajeto do trabalho busco compreender o conteúdo da locução, o processo histórico de sua formação, o tratamento legal, a regulamentação e o uso dela, não como elemento isolado, mas historicamente localizado, relacionado de forma ampla com a formação social brasileira.

---

[12] Murillo Marx. *Nosso chão: do sagrado ao profano*. São Paulo: Edusp, 1988, e, – *Cidade no Brasil: terra de quem?* São Paulo: Edusp; Nobel, 1991.

[13] Carlos Nelson F. dos Santos. *A cidade como um jogo de cartas*. Niterói: UFF/São Paulo: Projeto, 1988.

[14] Vilmar E. Faria. Cinqüenta anos de urbanização no Brasil. Tendências e perspectivas. *Novos Estudos CEBRAP*, São Paulo, 29, mar. 1991, p. 98-119.

Na bibliografia histórica observei que os temas referentes às questões urbanas não são objeto de interesse sistemático. O conceitual histórico que deve dar conta dos fenômenos urbanos, tais como vila e cidade, não está expresso claramente. Por outro lado, faltam os estudos sobre legislação, administração e sistema tributário coloniais. A dificuldade se amplia pelo risco do anacronismo: as palavras que permaneceram se referem a que realidade concreta? Há a exigência de muito cuidado com o conceitual a ser utilizado para o período colonial, pois pouco ainda se conhece das especificidades, permanecendo os estudos mais no campo das generalizações.

A etapa posterior foi à busca dos textos sobre propriedade territorial, os quais não exploram a sua formulação na área urbana. Em decorrência dessa dificuldade, recorri à documentação legal, isto é, a legislação imperial sobre a terra.

Ao estudá-la, encontrei de modo surpreendente a distinção legal entre a terra rural e a urbana, com tratamento diferenciado nos regulamentos destinados a esclarecer a aplicação da Lei no. 601 de 1850. Neles aparece, como marco referencial, a área que fora definida pela Décima Urbana, o que hoje é denominado de "perímetro urbano", qual seja, a área na qual se concentram as propriedades urbanas, sob quaisquer configurações. A Décima dos Prédios Urbanos era um tributo sobre as propriedades urbanas, criado em 1808, e posteriormente transformado em Imposto Predial.

A indicação da área urbana pelo espaço físico demarcado pela Décima Urbana sobrepunha-se as previamente existentes, as do termo e do rossio, que de modo peculiar continuaram existindo, pois a legislação imperial diversas vezes as reitera.

No percurso da pesquisa senti necessidade de retomar a legislação portuguesa e o sistema administrativo colonial para tentar reconstituir o que poderia ser considerado urbano no mundo colonial (não só como diverso do rural) e entender as relações que se estabeleceram para o domínio e uso da terra urbana e os códigos que determinavam os costumes e os tributos.

Entre as instituições que conformavam o mundo urbano estava a Câmara Municipal (o Concelho e seus oficiais), bastante mal conhecida, muito mitificada e mal compreendida, principalmente nos estudos paulistanos.

Para evitar a dispersão que o tema propicia, o estudo foi concentrado efetivamente apenas no aspecto da terra, da propriedade, posse, apropriação e uso do solo, na vila e cidade de São Paulo.

Não pretendo que a situação encontrada na área urbana paulistana no período colonial e imperial seja classificada de diversa daquela de outras regiões, principalmente porque não há estudos compatíveis que indiquem exemplaridade ou especificidade.

A abrangência temporal do projeto foi definida pelo próprio tema em estudo: a partir de meados dos anos oitocentos as condições de propriedade e uso do solo urbano foram transformadas de maneira complexa. Novas leis, novas formas de apropriação, o processo de mercantilização das terras urbanas, legislações conflitantes entre diversas instâncias de poder, novas atribuições a novas instituições, nova configuração de jurisprudência e novo regime político.

Esse estudo procura contribuir para o entendimento do processo de formação de núcleos urbanos no Brasil, especialmente o caso do de São Paulo, de origem colonial, com função militar, de ocupação e de penetração do interior, mas não com função administrativa e/ou mercantil em seus anos iniciais. Em nosso entender, na compreensão da urbanização colonial ocorre também o esclarecimento de parte dos problemas urbanos contemporâneos, principalmente daqueles decorrentes de conflito entre as duas tradições culturais que se enfrentam no espaço físico.

Os estudos sobre São Paulo

O passo inicial é desembaraçar o campo de estudo. As obras sobre a cidade de São Paulo precisam ser separadas da produção referente à Capitania, Província e ao Estado.

Tentar retratar o passado da cidade, percorrendo 453 anos, se se partir da data oficial de fundação do Colégio dos jesuítas, ou 447, se se optar pela transposição da vila de Santo André para o Colégio, em 1560, é tarefa complexa. É uma velha cidade, ou, pelo menos, um velho espaço urbano.

A proposta de trabalhar tal duração é desafiante mas necessária, inclusive para melhor compreensão do objeto.

O material de estudo

São Paulo é uma das cidades brasileiras mais dotadas de acervos documentais e estudos. Talvez por causa da pouca importância econômica e política do planalto paulista no período colonial e imperial, talvez pela própria localização interiorana e condições geográficas locais, protegida de ataques militares e de índios, parcela ponderável de sua documentação sobreviveu, até meados do século XIX e início do XX.

Como ponto inicial para os pesquisadores da cidade há três instrumentos de pesquisa, de boa qualidade e muito úteis. As bibliografias, em seqüência cronológica de publicação, são o *Manual bibliográfico da*

Geografia paulista[1] de 1956, organizado pela Comissão de Geografia Regional, com o item "A cidade de São Paulo e sua região", com duzentos títulos; a *Evolução urbana da cidade de São Paulo. Estruturação de uma cidade industrial (1872-1945)*[2], coordenada por Maria Lúcia Perrone Passos, com 1.130 títulos, e, embora especializada, *1.001 teses sobre o Brasil urbano. Catálogo bibliográfico (1940-1989*[3], obra organizada por Lícia do Prado Valladares, com 180 títulos.

Os arquivos públicos, quer o Arquivo Histórico Municipal "Washington Luís", quer a Divisão do Arquivo da Secretaria Estadual da Cultura, apesar da dedicação de seus especialistas e funcionários, que muito têm realizado nos últimos vinte anos para melhorar as condições técnicas de arquivamento e atendimento, não possuem ainda os instrumentos de pesquisas.

Quanto aos arquivos cartoriais e judiciais, de acesso restrito e difícil, pouco organizados tecnicamente e sem instrumentos adequados, somam-se aos arquivos de instituições públicas ou privadas nos entraves aos pesquisadores.

Ao lado da inexistência de instrumentos de pesquisa de material documental arquivístico, a escassez de equipamentos para reprodução por microfilmagem e leitura dificulta e retarda o andamento do trabalho de pesquisa.

A dificuldade de acesso ao material documental nos arquivos é compensada pela existência de algumas coleções documentais editadas, tais como *Atas da Câmara de Santo André da Borda do Campo*, *Atas da Câmara de São Paulo*, *Registo da Câmara de São Paulo*, *Cartas de Datas de*

---

[1] *Manual bibliográfico da Geografia paulista* (junho de 1956), org. pela Comissão de Geografia Regional. São Paulo: IBGE/Conselho Nacional de Geografia, 1957, p. 235-252.

[2] *Evolução urbana da cidade de São Paulo. Estruturação de uma cidade industrial (1872-1945)*. Coord. de Maria Lúcia Perrone F. Passos. São Paulo: Eletropaulo, 1990.

[3] *1001 teses sobre o Brasil urbano*. Catálogo bibliográfico (1940-1989), org. de Lícia do Prado Valladares, Maria Josefina C. Sant'Anna e Ana Maria L. Caillaux. Rio de Janeiro: IUPERJ/ São Paulo: ANPUR, 1991.

Terras, Documentos Interessantes, Inventários e Testamentos, Documentos avulsos, Boletim do Arquivo, e de instrumentos como o *Catálogo dos documentos... no IHGB, Catálogo de documentos... do Conselho Ultramarino*. Estão editados os *Anais da Assembléia Provincial* e a *Coleção de Leis da Província e do Estado*.

O Plano Nacional de Microfilmagem de Periódicos microfilmou os *Relatórios de Presidente de Província de São Paulo*, e editou o respectivo catálogo. Os *Almanaques* receberam uma cuidadosa edição fac-similar nos anos 1980.[4]

Arrolar tais informações não significa dizer que em São Paulo exista uma política definida de tratamento e edição de material histórico. Política desse tipo existiu de modo claro em outros momentos históricos, em que a consideração e os cuidados aos documentos arquivísticos era parte integrante da política estadual e municipal. Um desses momentos foi no final do século XX, quando o Arquivo do Estado foi formalmente organizado e iniciou a publicação de documentos constantes de seu acervo, atividade que, embora de maneira lenta, ainda está em execução.

Outro momento destacado foi o da segunda década republicana, na qual os políticos paulistas tiveram grandes preocupações com o acervo documental histórico, editando as coleções de documentos do Arquivo Municipal.

A preocupação com o passado estava intrinsecamente ligada ao momento político, a necessidade dos políticos republicanos de se apoiarem na tradição histórica, para justificar o federalismo e a autonomia local, mesmo que para isso se tornasse necessário criar um passado glorioso e as explicações históricas correspondentes.

O cuidado com o acervo documental arquivístico e a preocupação com a sistemática edição de documentos históricos dos períodos colonial e provincial podem ser entendidas como parte da conjuntura política nacional.

---

[4] A indicação completa desse material será feita quando ele for utilizado nos capítulos subseqüentes.

Outro momento em que a cidade recebeu estudos e publicações sistemáticos, distinto na percepção e uso do passado, foi em meados do século XX, nas comemorações do IV Centenário de fundação, em 1954.[5]

Só então foram publicadas algumas coletâneas de mapas históricos, reproduções diminuídas de alguns dos mapas existentes. Até o presente momento não há um catálogo ou inventário dos mapas históricos da cidade de São Paulo, dispersos em diferentes instituições. Também não existem reproduções padronizadas em base física uniforme, o que muito enriqueceria a compreensão do processo histórico do crescimento da cidade.

Infelizmente não há uma política contínua de publicação de documentos históricos e falta continuidade inclusive para as publicações do período republicano, desde as Atas da Câmara Municipal, os Relatórios anuais da Prefeitura, os Relatórios de governo dos Presidentes de Estado e dos Governadores, até os Anais da Assembléia Legislativa Estadual.

Cabe ressaltar que apesar da aparente facilidade de contar com material publicado, faltam a todas as publicações citadas os índices, resumos e sumários – instrumentos de pesquisa que poupariam esforços e tempo aos pesquisadores.

As bibliotecas disponíveis são de boa qualidade, apesar da eventual dificuldade de acesso ao material, quer na Biblioteca Municipal Mário de Andrade, quer na Biblioteca do Instituto Histórico e Geográfico de São Paulo. As pertencentes à Universidade de São Paulo, que contém material sobre os diversos aspectos passíveis de estudo, são dispersas e cada acervo deve ser consultado individualmente: o da Faculdade de Direito, o da Escola Politécnica em seus departamentos, o da Faculdade de Arquitetura e Urbanismo, o da Faculdade de Economia e Administração, o da Faculdade de Filosofia, Letras e Ciências Humanas, além dos existentes no Instituto de Estudos Brasileiros e no Museu Paulista.

O processo de informatização foi acelerado nos anos 1990, facilitando a vida dos pesquisadores. A produção acadêmica paulista ampliou-se e é divulgado pelo catálogo *UnibibliWEB*, em meio digital, organizado

---

[5] Além do vasto rol de publicações realizadas pela Comissão do IV Centenário da fundação, ver também as Publicações Avulsas, editadas pelo Instituto de Administração – FCEA/USP, sob orientaçao de Mário Wagner Vieira da Cunha.

pelo Conselho de Reitores das Universidades Paulistas/CRUESP;[6] a da PUC-SP está na sua biblioteca, a *Lumen* – Sistemas de Bibliotecas PUC-SP.[7] A CAPES/Ministério da Educação publica resumos dos trabalhos defendidos em seu portal[8] e as universidades paulistas publicam a produção digitalizada nos sites de suas bibliotecas.[9]

A inexistência de uma rede integrada de informações bibliográficas transforma a vida dos pesquisadores em longas caminhadas, buscando suprir as faltas de um acervo nos outros.

Recorrer continuamente às bibliografias, acervos documentais e bibliotecas acaba fornecendo aos interessados um quadro panorâmico do que existe em termos de recursos bibliográficos, documentos oficiais editados, almanaques e álbuns iconográficos.

A produção sobre a cidade

A consulta aos mesmos recursos permite aos especialistas rastrear as variadas temáticas já exploradas e avaliar a evolução dos estudos acadêmicos para melhor direcionamento de projetos.

As características econômicas, sociais e culturais do Sudeste, com a conseqüente concentração dos cursos de graduação e de pós-graduação, explica o predomínio dos estudos sobre essa região. Por tradição e continuidade, os mais antigos cursos detêm também os maiores índices de produção científica do país.

Na área de História especificamente, os estudos realizados nos cursos de pós-graduação na Universidade de São Paulo, como mestrado, por facilidade de pesquisa e uso de documentação, tendem a se concentrar no estudo de aspectos referentes à cidade, ao estado e à região, em seus diversos momentos históricos.

---

[6] Disponível em <http://bibliotecas-cruesp.usp.br/scripts/odwp502k.dll?t=dfb&pr=cruesp_profile&db=cruesp_catalogo&zdb=USP&zdb=UNESP&zdb=UNICAMP>.

[7] Disponível em <http://biblio.pucsp.br>.

[8] Ver em <www.capes.gov.br/servicos/bancoteses.html>.

[9] Ver em <www.teses.usp.br>; <http://acervus.unicamp.br:8000/cgi-bin/gw_46_2_4/chameleon>; <www.biblioteca.unesp.br/bibliotecadigital> até 2005; <http://teses.cgb.unesp.br/busca.php>.

De forma característica, os estudos históricos realizados na Universidade de São Paulo podem, de um lado, se transformar em "modelos paradigmáticos" de temas de pesquisa, que passam a ser aplicados às outras regiões, indiscriminadamente. De outro, podem conter uma certa "visão imperial", um enviesamento que permite aplicar a todos os estudos, referentes às diversas áreas econômicas e sociais do país, os mesmos elementos componentes observados nos estudos paulistas, o que cria um certo tom generalizante, que percorre os textos, homogeneizando o país, elidindo as especificidades locais e regionais.

Outro aspecto facilmente observável é o fato de os estudos históricos se aglomerarem por temáticas, que se tornam dominantes, concentrando diversas obras, por curto período, sendo razoavelmente repetitivas após as iniciais.

Um olhar panorâmico permite recuperar os temas estudados pela concentração da produção, tais como a questão do trabalho e da mão-de-obra, o processo de organização formal da atividade sindical, os movimentos sociais em seus mais variados aspectos.

A concentração de estudos históricos sobre a região Sudeste e a quantidade da produção científica que cresce anualmente acaba mascarando as numerosas lacunas ainda existentes.

A proposta de realizar um estudo histórico sobre a questão urbana levou-me a uma situação contraditória. Sobre ela há muito pouco publicado, mas sobre a cidade de São Paulo existe um número considerável de obras. Os estudos históricos são numerosos e foram realizados, em parte quase dominante, por historiadores sem formação acadêmica.

Os estudos paulistas e paulistanos começaram a ser escritos em meados do século XVIII, e, desde então, sistematicamente são publicadas obras, de variados temas, complexidade e contribuição ao conhecimento histórico.

Ao examinar com atenção e cuidado a produção como conjunto, verifica-se que existem temas prediletos, tais como o da fundação da vila, os fundadores, os primeiros povoadores, a atuação dos bandeirantes, o descobrimento das minas, a expansão do café, a imigração e a industrialização.

Os estudos acadêmicos dos últimos trinta anos concentraram-se mais no período que vai de meados do século XIX aos nossos dias, relacionados mais diretamente com problemáticas contemporâneas.

Os estudos acadêmicos sobre o período colonial e imperial, esparsos, realizados nos últimos trinta anos, trouxeram contribuições significativas para o conhecimento e compreensão da economia, sociedade, formas de administração e papéis sociais.

Em nenhum deles, qualquer aspecto referente às questões urbanas em si foram tratadas de forma minuciosa e quando muito foram levemente aventadas.

Análise historiográfica das obras

Mas qual é o conteúdo das obras sobre a cidade de São Paulo? Como pode ser compreendido o que foi produzido? Como inserir a volumosa produção no contexto cultural?

Alguns cuidados iniciais são necessários, além de discriminar o que se refere à Capitania, Província e Estado. Há material que exige tratamento específico e cuidadoso, formado pelos álbuns iconográficos, almanaques, relatórios oficiais e oficiosos, relatos de viajantes estrangeiros e nacionais e os relatos de memorialistas.

Outro conjunto de obras é formado pelas produzidas de forma romanceada, com tratamento de tipo literário, entrecruzando dados de realidade histórica e ficção.

Apesar da dificuldade de análise desse tipo de material, ele não pode ser desprezado, quer pelo volume, quer pela importância dos elementos de seu conteúdo explícito e implícito.

Há mais um cuidado, básico para a análise historiográfica, que é o da periodização, questão que trato posteriormente.

A análise historiográfica pode ser realizada pelo caminho da análise temática, e nela posso articular a produção em dois grandes aglomerados. Um deles, que concentra grande volume de obras e abrange o maior período da história da cidade, é o da dispersão; e outro, mais recente, no qual se agrega a maioria dos estudos de origem acadêmica, é o da concentração.

Estou baseando essa proposta de análise historiográfica nas brilhantes formulações de Sérgio Buarque de Holanda sobre a região do planalto paulista.[10]

Ao estruturar a produção em torno do tema da dispersão, aglutino as obras que estudaram a região desde a chegada de Martim Afonso de Sousa, o processo de ocupação inicial do planalto no século XVI, a penetração do sertão no século XVII em busca de mão-de-obra indígena para ser escravizada, e no século XVIII em busca de minerais preciosos, o tropeirismo, a introdução da lavoura canavieira e algodoeira até a expansão da lavoura cafeeira, no século XIX e início deste, ocupando regiões até então inexploradas.

No tema da concentração, posso alinhar os estudos sobre a cidade como centro de atração de recursos financeiros, humanos, culturais e tecnológicos. Aí também devem ser localizados os estudos sobre organização sindical formal e informal, movimentos políticos e sociais de diversas qualificações, estudos sobre cultura etc.

Outra maneira de fazer análise historiográfica, de modo a esmiuçar algumas questões, é pela estruturação através da "seqüência cronológica". A produção no caso específico de São Paulo, cidade e estado, teve início no século XVIII, com frei Gaspar da Madre de Deus e Pedro Taques de Almeida Paes Leme, e foi retomada a partir de meados do século XIX, sem interrupção, com momentos de maior ou menor volume de obras.

Por esse caminho mais tradicional pode-se recuperar os temas e os aspectos mais explorados, ou seja, aqueles que para os autores foram os mais significativos. Denomino genealógica essa forma de análise e nela encontro basicamente o "mito de origem".

Historiadores, acadêmicos ou não, diletantes e curiosos, amadores e profissionais são todos igualmente influenciados por ele. De forma esquemática pode-se dizer que por esse viés o presente é explicado pelo

---

[10] Ver as obras de Sérgio Buargue de Holanda sobre o planalto paulista, nas quais em vários momentos o autor discute a questão da dispersão da população e da unidade.

passado. Exemplificando, o fato de o núcleo urbano ter sido construído em certo espaço geográfico, em certo momento histórico, com determinadas condições de sobrevivência, com certo modo de vida e valores, serviu e serve de explicação para atuações políticas na conjuntura nacional e explica a metrópole contemporânea.

Tal formulação aparece nos debates sobre quais foram os reais fundadores do Colégio, como se cada um dos padres e/ou noviços, presumíveis responsáveis, tivesse deixado seus traços de atuação, caráter e personalidade na própria cidade. A figura do pai fundador, ou dos pais fundadores, por um processo de transferência, passou a se concretizar na trajetória do núcleo, nos seus projetos, nos seus propósitos.

Uma variante dessa formulação, com maior repercussão pública, pode ser localizada na bibliografia específica sobre os bandeirantes e o bandeirismo, na qual eles aparecem como desbravadores de um espaço, articuladores de uma visão nacional, promotores da expansão geográfica que criou a Nação e integradores de elementos indígenas na formação nacional.

O dinamismo da metrópole contemporânea, o seu processo de crescimento econômico a partir da lavoura cafeeira, a industrialização etc. são explicados pelo culto de "valores" desenvolvidos no isolamento do planalto, com saída para o sertão, descrita pelos habitantes da vila como "remédio para sua pobreza", que é talvez a forma mais completa e acabada dessa formulação.

Do mesmo modo, as polêmicas sobre a origem da população colonial (portuguesa ou espanhola), sobre as relações e influências dos colonos das duas Coroas ibéricas, por ocasião dos conflitos e disputas fronteiriças, mascaram a questão da especificidade da colonização ibérica nas Américas e são utilizadas de modo ambivalente tanto para reforçar o tema do específico português e do isolamento como para apoiar o tema da integração, da similaridade e unidade latino-americana.

Compreender o significado da produção sobre a cidade, centrada no "mito de origem", permite abarcar o viés ideológico nos estudos sobre a cidade, de maneira específica. O presente é explicado pelo passado: de algum modo, os homens que subiram a serra e se instalaram no planalto, voltados para o sertão, para o interior, promoveram o processo de conhecimento do território, o alargamento das fronteiras, a exploração da colônia, e que com a mesma atitude dizimaram populações indígenas e recursos minerais, foram clarividentes e previram a significação estratégica da localização do Colégio; previram a futura vila e cidade, a expansão cafeeira, a industrialização, a metrópole contemporânea.

Aceitar ou trabalhar sem discriminação o "mito de origem", cegamente, é, em verdade, crer em atos de magia que, se podem ser conotativos e denotativos em contexto socioantropológico, nada possuem em comum com a explicação histórica.

O passado descrito e narrado como brilhante e glorioso foi e tem sido utilizado como ponto de apoio para atitudes, relacionamentos e atividades políticas com outros Estados, e com o Governo Federal. Na atuação política contemporânea, como já fora praticado anteriormente, passado e presente se entrelaçam, e cidade e Estado, tratados como homogêneos, formam um todo, uma unidade.

Os estudos historiográficos realizados indicam que o "mito de origem" data de meados do século XVIII, conforme Katia Abud afirma ao estudar a maneira pela qual o bandeirante foi transformado em símbolo do Estado de São Paulo.[11] Frei Gaspar da Madre de Deus e Pedro Taques de Almeida Paes Leme, por motivos e com justificativas diversas, escreveram as primeiras obras históricas sobre São Paulo, as quais dão origem à discussão dos argumentos da "lenda negra" e da "lenda dourada" dos bandeirantes.

A "lenda negra" que apresenta os habitantes da vila de São Paulo como cruéis assassinos, inimigos dos índios e dos padres e insubmissos vassalos dos reis de Portugal, foi elaborada nos séculos XVI e XVII, baseada nas versões dos padres jesuítas. Estes, ressentidos por suas difíceis relações com os paulistas, foram expulsos da vila na disputa pela exploração da mão-de-obra de índios aldeados, e por muito tempo impedidos

---

[11] Katia Maria Abud. *O sangue intimorato e as nobilíssimas tradições*. A construção de um símbolo paulista: o Bandeirante). Tese de Doutorado em História Social. FFLCH/USP. São Paulo, 1985.

de retornar. A atuação dos bandeirantes nos episódios das lutas e disputas de fronteira entre as duas Coroas ibéricas, no setecentos, apenas agravou o conflito dos paulistas com os jesuítas.

A "lenda dourada", por seu lado, considera os habitantes da Capitania criadores da nacionalidade, concretizadores da obra de colonização, integradores da população indígena no povo brasileiro, defensores do Estado português, proféticos premonitores de um futuro grandioso e brilhante.

Os primeiros historiadores paulistas nasceram e viveram em uma região pobre e sem tradição de vida cultural. Escreveram para narrar os fatos que, em suas concepções e percepções, garantiriam aos descendentes dos sertanistas e bandeirantes o lugar preeminente e merecido na sociedade colonial. Eles foram desbravadores de um mundo inexplorado e seus herdeiros consideravam-se de tradição nobiliárquica, quer fosse ela originária de Portugal, branca, de "sangue limpo" e da pequena nobreza, quer fosse ela fundamentada na posse da terra, mameluca, proprietária, conquistadora e nobre por méritos próprios.

Os historiadores do século XIX, preocupados com a formação do Estado nacional, a integridade territorial e a homogeneidade do passado, desqualificaram bastante os citados historiadores paulistas do setecentos, considerados iludidos e enganados pelas memórias locais. Isso para que o Império pudesse ser o legítimo herdeiro do Estado português, não apenas pela família reinante, mas como continuador institucional.

Entretanto, o tema do passado paulista glorioso e heróico permaneceu nos livros de história e começou a ser recuperado a partir de meados do oitocentos.

Nada restou dos séculos iniciais. Nem mesmo uma tradição cultural é possível localizar, como se vê em Péricles da Silva Pinheiro, em *Manifestações literárias em São Paulo na época colonial*,[12] e Rubens Borba de Moraes, na *Bibliografia brasileira do período colonial*.[13]

---

[12] Ver Péricles da Silva Pinheiro. *Manifestações literárias em São Paulo na época colonial*. São Paulo: Conselho Estadual de Cultura/Comissão de Literatura 1961.
[13] Ver Rubens Borba de Moraes. *Bibliografia brasileira do período colonial*. Catálogo

Na região do planalto paulista, ao contrário de outras regiões nacionais de passado colonial que possuíam e possuem monumentos arquitetônicos, civis, religiosos ou militares, não há traços arquitetônicos senão muito próximos. Esses símbolos de passado, poder, riqueza e de significação, tal como existem no Nordeste açucareiro, no Recôncavo baiano, nas capitais coloniais como Bahia e Rio de Janeiro, e nas cidades de Minas Gerais criadas na época da mineração, aqui não existem.

A preocupação em exaltar o passado, seus grandes homens e atos heróicos pode ser acompanhada na série dos *Almanaques literários*, publicados por José Maria Lisboa, entre 1876 e 1888. Neles foram publicados, quase que de maneira sistemática, artigos, pequenas notas, reproduções de documentos extraídos dos arquivos ou dos livros, referentes aos homens corajosos e ao passado glorioso.[14]

Os mesmos livros de história devem ter servido aos viajantes que passaram pela Capitania e Província, os quais deixaram uma narração sumária do que haviam visto, e, muitas vezes, uma longa descrição enaltecedora dos bandeirantes, suas atitudes entre si e a relação com o poder metropolitano.

Uma leitura apressada dos viajantes pode levar ao engano de pensar que, para os moradores da cidade no século XIX, quer no início ou no final, o passado estava vivo e dominante e que as disputas de poder entre clãs, entre vilas e com os padres jesuítas tinham ficado entrelaçadas na vida da cidade como as disputas com os funcionários régios e o poder metropolitano.

Na Primeira República, no início do século XX, numa conjuntura política peculiar, quando os Estados possuíam autonomia e os projetos das classes dominantes paulistas estavam sendo implantados, novamen-

---

comentado das obras dos autores nascidos no Brasil e publicadas antes de 1808. São Paulo: IEB/USP, 1969.

[14] Ver José Maria Lisboa (pub.) *Almanach litterario de São Paulo para o anno de 1876, 1877, 1878, 1879, 1880, 1881, 1884, 1885*, Ed. fac-similar. São Paulo: Governo do Estado/ Casa Civil/Imprensa Oficial do Estado/ Secretaria do Estado da Cultura/ Arquivo do Estado/ Instituto Histórico e Geográfico de São Paulo, 1982.

te o passado se tornou o armazém fornecedor de elementos justificativos da ação política.

Conforme Katia Abud, os historiadores que então se dedicaram de forma cuidadosa e com preocupação documental ao tema das bandeiras e do bandeirismo, eram elementos de origem social elevada, ligados social e politicamente às camadas dominantes.[15]

Tais autores, apoiados nos historiadores que os haviam antecedido, e nas fontes documentais que analisaram, compuseram o quadro histórico sobre o passado da Capitania e Província. Na construção de seus textos, promoveram a transposição do bandeirante do século XVII para o paulista do século XX, dando sentido de continuidade e qualidade aos habitantes do estado. O estado de São Paulo passou a ser considerado o herdeiro dos elementos qualificados do bandeirismo: espírito de iniciativa, valentia e arrojo. Da mesma maneira que o bandeirante desbravara os sertões brasileiros, conquistando-os para Portugal e criando o Brasil geograficamente, o paulista, isto é, o estado de São Paulo, melhor dizendo, a oligarquia paulista, construía o progresso do Brasil. A imagem da locomotiva e seus vagões, que Love utiliza estava sendo formulada.[16]

Deve-se destacar que na formulação da identidade do paulista havia uma necessidade concreta, considerada premente pela camada dirigente do Estado. Nela se cumpria a história paulista como um processo integrador, unitário das raças, do território, da economia e sociedade. É necessário lembrar que a população paulistana e paulista, no início do século, era majoritariamente composta por imigrantes e seus filhos, que deveriam ser inseridos no todo histórico em construção, quer via processo educacional em implantação, como Bittencourt indica,[17] quer

---

[15] Ver Katia M. Abud, op. cit.

[16] Ver Joseph Love. *A locomotiva: São Paulo na federação, 1889-1937*. Rio de Janeiro: Paz e Terra, 1982.

[17] Ver Circe Maria Fernandes Bittencourt. *Civilização, Pátria, Trabalho*. (O ensino de História nas escolas paulistas, 1917-1930). São Paulo: Loyola, 1990.

via ideológica, de paulista como qualidade e homogeneidade de atitudes e intenções.

O passado foi criado destacando as diversidades com as outras regiões, como hábitos e valores, transfigurando pobreza em austeridade; procura de índios e ouro em mobilidade expansionista nacional; bastardia e miscigenação em formação da raça brasileira; atividades agressivas de sobrevivência em honrosos serviços ao Estado nacional etc.

Esse passado criado como justificativa do presente foi e é muito útil até nossos dias, pois "mito de origem" possui a característica de ocultar e dificultar a compreensão do passado.

As periodizações paulistanas

Historiadores trabalham com espaço e tempo. No caso dos estudos sobre a cidade de São Paulo a questão da espacialização está dada, sendo aparentemente de fácil uso, embora seja complexa.

Definir espacialmente a área abrangida em um estudo com uma denominação é tarefa difícil, para a qual se deve contar com auxílio de especialistas, pois o que contém os termos "cidade industrial", "área metropolitana", "metrópole industrial"?

Periodizar é um ato aparentemente técnico para o historiador acadêmico ou não, pois é um recurso obrigatório para a delimitação do período em estudo.

A questão da temporalidade, da duração abrangida pelo estudo, da seleção dos marcos temporais que aparentemente são visíveis, oculta uma questão conceitual tão complexa quanto a questão da espacialização.

Teoricamente, os marcos temporais selecionados para início e final de trabalho devem ser homogêneos, compatíveis entre si, isto é, utilizarem a mesma base fatual, qualquer que seja ela, como critério. Estranhamente, isto não acontece na história da cidade.

As periodizações que são localizadas nas obras sobre a cidade cruzam elementos referenciais, tais como atividades econômicas, modos de vida, técnicas construtivas, local de nascimento, regimes políticos e estatuto legal. Exemplificando, em termos de técnicas construtivas, a periodização seria: taipa, tijolo e concreto. Em termos de atividades econômicas: agricultura de subsistência, bandeirismo de apresamento, bandeirismo de exploração mineral, tropeirismo, lavoura canavieira e algodoeira, lavoura cafeeira e industrialização. Em termos de modos de vida: bandeirantes, tropeiros, estudantes, fazendeiros, colonos, operários, trabalhadores urbanos. Em termos de regime político: Colônia, Império e República. Em termos de estatuto legal: vila e cidade.

Diversos autores realizaram cruzamento de referenciais, associando um certo momento histórico do núcleo urbano com alguma outra característica.

Essa forma de periodização cruzada pode ser percebida desde o momento em que foi apresentada por Américo de Campos, no artigo "A cidade de S.Paulo em 1877", publicado no *Almanaque literário*, de José Maria Lisboa, e adotada por outros repetidamente:

> Tres grandes phases, tres edades bem distinctas estão desenhadas na lenta evolução de sua historia, superpostas uma às outras como camadas geologicas:
> A cidade dos padres jesuitas e capitães-mores;
> A cidade acadêmica, – a Coimbra americana;
> E finalmente a cidade da civilização, a nova cidade que transfigura-se e cresce a nossos olhos,...[18]

Ernani da Silva Bruno, em sua obra *História e tradições da cidade de São Paulo*, divide seu monumental conjunto em "arraial de sertanistas", "burgo dos acadêmicos", "cidade dos fazendeiros", colocando em apêndice a "cidade contemporânea".[19]

---

[18] Américo de Campos. A cidade de S. Paulo em 1877. In: *Almanach litterario... 1878*, op. cit., p. 1-9.

[19] Ernani da Silva Bruno. *História e tradições da cidade de São Paulo*. São Paulo: HUCITEC/ Secretaria Municipal de Cultura, 1984. 3 v.

Benedito Lima de Toledo, em *São Paulo: três cidades em um século*, considera a existência de uma cidade de taipa e outra de tijolo, além da outra que está sendo levantada em cima delas.[20]

Deve-se lembrar que alguns álbuns iconográficos, com o objetivo de demonstrar as transformações, também adotam a tríplice periodização, tal como *São Paulo em três tempos*.[21]

Outra forma de periodização é a da dualidade, na qual a cidade, tal como a conhecemos, pouco ou nada tem a ver com a cidade de outrora. É fundamentalmente o caso dos estudos que definem a história da cidade em dois momentos. Um deles, o da "primeira fundação" abrange desde os primórdios da colonização até o início do desenvolvimento econômico decorrente do processo de expansão da cafeicultura; o da "segunda fundação" abarca desde a expansão cafeeira até o momento de industrialização atingindo o contemporâneo.

A característica dessa forma de periodização é de, por um lado, romper com as estruturações tradicionais, que valorizaram mais a continuidade. Por outro, esse tipo de divisão temporal corre o risco de definir um ângulo que simbolicamente cria o novo, mesmo que esse novo não tenha se concretizado historicamente.

O perigo maior que encontro nessa formulação é o da separação e ruptura, como se o novo não tivesse raízes, nada em comum com o passado transcorrido no espaço em que se instalou.

Historiadores conhecem e usam o conceito de "segunda fundação" para estudos nas regiões em que tal tipo de fenômeno é bastante comum. Áreas com sucessivas ondas de ocupação humana, ou mesmo de civilizações e culturas, ocuparam o mesmo espaço, criando camadas de vida, hoje exploradas arqueologicamente.

---

[20] Benedito Lima de Toledo. *São Paulo: três cidades em um século*. São Paulo: Duas Cidades, 1981.

[21] *São Paulo em três tempos: álbum comparativo da cidade de São Paulo (1862-1887-1914)*. São Paulo: Casa Civil/Imprensa Oficial do Estado S.A./Secretaria da Cultura/Arquivo do Estado, 1982.

No Brasil, e mais especialmente, no caso da cidade de São Paulo, a periodização de "segunda fundação" sugere que houve dupla ocupação do mesmo "locus", sem a continuidade do processo histórico. Como o núcleo urbano continuou no mesmo local, concentrado no espaço original, com o mesmo nome, mesmo estatuto, no mesmo regime político, tendo ocorrido o fenômeno de expansão física da chamada área urbana, causada pelo crescimento demográfico e conseqüente deslocamento de população para outras áreas contínuas, que já faziam parte do mesmo espaço jurisdicional e institucional. O emprego da locução "segunda fundação" pressupõe o que não ocorreu no processo histórico: uma nova camada de ocupação humana, outra cidade se instalando no mesmo espaço geográfico.

As transformações causadas pelo processo econômico-social, que alguns autores denominaram de "complexo cafeeiro", alteraram a fisionomia urbana profundamente, mas a destruição de construções e erguimento de novas não configura conceitualmente uma outra cidade, embora em análise de representações simbólicas e do imaginário se possa eventualmente tratar do espaço urbano como um outro, diverso, estranho, exótico.

Considero que os autores que recorreram a essa formulação, como Eurípedes Simões de Paula, devem ter sido influenciados diretamente pelos autores do último quartel do século passado, os memorialistas da Faculdade de Direito e principalmente pelo tom dos *Relatórios de Presidente de Província*.[22]

Carlos Lemos utilizou uma variável da mesma noção: cidade velha e cidade nova. A cidade velha era de taipa e a nova de tijolo e cal.[23]

---

[22] Ver Eurípedes Simões de Paula. *Contribuição monographica para o estudo da segunda fundação de São Paulo: de pequena cidade de há meio século à grande metrópole de hoje*. São Paulo, s.c.p., 1936.

[23] Carlos A. C. Lemos. *Alvenaria burguesa: breve histórico da arquitetura residencial de tijolos em São Paulo a partir do ciclo econômico liderado pelo café*. São Paulo: Nobel, 1985.

Há mais um elemento significativo da difícil questão da periodização nos estudos sobre a cidade que é o uso sistemático de apostos, tais como "cidade dos acadêmicos", "cidade do café", "cidade dos fazendeiros", "cidade dos imigrantes", "cidade dos italianos", "cidade industrial", "cidade dos migrantes", "cidade dos nordestinos", "metrópole industrial". E também indicativo da dificuldade e quase impossibilidade que os estudiosos encontraram em reconhecer as características da cidade, deixando que formas impressionistas sejam usadas como referenciais.

Nos estudos sobre a cidade, deve-se ainda considerar o caso específico do uso de outras cidades como modelos de comparação, situação bastante comum nos textos dos viajantes e memorialistas. Grande cidade ou cidade civilizada, mas qual foi o termo de comparação selecionado? Paris? Londres? Manchester? Detroit? Cidades do final do século XIX ou do século XX? Cidades sedes de poder central ou centros industriais? Da mesma forma que os memorialistas da passagem do século ficaram espantados com as transformações ocorridas na cidade, estudiosos e viajantes também possuem um termo de comparação, que deve ser localizado, para que suas comparações possam ser compreendidas.

A Lei de Terras e a terra urbana

A questão da propriedade

Nos estudos sobre o processo de urbanização no Brasil aparece, de forma constante, o "binômio campo-cidade", que é o problema da relação rural-urbana.

De maneira geral, os estudos clássicos sobre o processo de urbanização na Europa ocidental abordaram o tema sob o ângulo da institucionalização e diferenciação legal e administrativa do espaço do campo em contraposição ao da vila e cidade.[1]

Os autores que discutiram o tema da urbanização no Brasil destacaram a importância da área rural, produtora dos bens de exportação, da pecuária e dos gêneros alimentícios. Por estar no campo a maior parte da população, pela quantidade de mão-de-obra necessária em suas atividades, pelo poder econômico e relações sociais, aos proprietários rurais cabia o exercício do poder político local.

Nas áreas em que se concentrava o poder metropolitano, pelas relações sociais e de parentesco, sua vontade também acabava sendo predominante.

---

[1] Ver Henri Pirenne. *As cidades medievais européias*. Lisboa: Publicações Europa-América, s.d.; e Max Weber. *The city*. Glencoe-Illinois: The University Press, 1960. Para esclarecimentos sobre teorias ver Marcella Della Donne. *Teorias sobre cidades*. São Paulo: Martins Fontes, 1986.

No processo de formação do Estado Nacional no século XIX, os proprietários rurais acabaram consolidando seu poder político mais fortemente.

As raras cidades e vilas do final do período colonial são descritas como esvaziadas de poder e significação, simples locais para atividades religiosas e administrativas.

Destaque-se que os mesmos autores chamaram a atenção para o fato de os modelos clássicos de análise de fenômenos sociais não poderem ser, mecânica e esquematicamente, aplicados à realidade de um espaço de exploração colonial. Espaço esse que na prática atuava de acordo com os interesses e possibilidades locais, distante dos padrões europeus, muito embora institucional e legalmente subordinado ao poder metropolitano e teoricamente obedecendo às mesmas leis, regulamentos e determinações.

Talvez a forte imagem do predomínio do rural sobre o urbano tenha condicionado de algum modo os estudos sobre cidades e urbanização. Esse domínio pode ter obscurecido o objeto cidade como campo de estudo. Certamente as questões consideradas significativas na área rural não repercutiram nos estudos urbanos.

Nos estudos de urbanização há um tema inexplorado e que despertou minha atenção quando retomei projetos e leituras: a propriedade do terreno urbano, a terra urbana.

O ponto inicial da reflexão foi o de que as questões de apropriação, propriedade e posse da terra, fulcro de conflituosas relações sociais contemporâneas, é tema candente na historiografia brasileira, existindo um debate teórico e uma produção significativa a respeito.

A meu ver, da mesma maneira que no mundo rural, nas áreas urbanas a apropriação, o apossamento e a propriedade do solo são questões decorrentes das relações econômico-sociais, tão complexas num como no outro espaço.

Há como que um alheamento na sociedade sobre os problemas decorrentes da questão da terra, marcadamente nas regiões urbanas, apenas e brevemente interrompido quando os meios de comunicação de massa destacam invasões, expulsões ou tragédias coletivas, tão previsíveis como as estações do ano, nas assim chamadas áreas de risco, como margens de córregos, ribeirões e encostas de morros.

Embora anualmente a cidade de São Paulo sofra com as enchentes que inundam vastas áreas bloqueando o trânsito, inutilizando objetos e residências, e mesmo matando pessoas, a ligação entre tais situações e as formas de apropriação, propriedade e posse da terra não tem sido realizada.

Todas as sugestões e todos os planos urbanísticos que têm sido propostos, e parcialmente implementados na cidade de São Paulo, elidem a questão básica da propriedade da terra. Talvez seja um processo de encobrir e ocultar, do qual decorra as dificuldades de concretização de planos urbanísticos, que não levam em consideração o complexo jogo dos interesses conflitantes sobre a posse da terra urbana.

Os estudos sobre a questão da terra, quer retracem o desenvolvimento histórico e legal, quer coloquem em discussão o seu significado político e institucional, não abordaram, sequer em poucas linhas, a questão da propriedade urbana, a terra urbana.

De Rui Cirne Lima, em seu estudo clássico *Pequena história territorial do Brasil*,[2] passando por Costa Porto, em *O sistema sesmarial no Brasil*,[3] Brasil Bandecchi, em *Origem do latifúndio no Brasil*,[4] Alberto Passos Guimarães, em *Quatro séculos de latifúndio*,[5] aos textos de José de Souza Martins,[6] o de Emilia Viotti da Costa,[7] e Regina Gadelha,[8] o tema da terra urbana não foi explorado.

---

[2] Rui Cirne Lima. *Pequena historia territorial do Brasil*. Sesmarias e terras devolutas. Porto Alegre: Liv. Sulina, 1954.

[3] Costa Porto. *O sistema sesmarial no Brasil*. Brasília: UnB, s.d.

[4] Brasil Bandecchi. *Origem do latifúndio no Brasil*. São Paulo: Obelisco, 1964.

[5] Alberto Passos Guimarães. *Quatro séculos de latifúndio*. Rio de Janeiro: Paz e Terra, 1974.

[6] Ver José de Souza Martins. *O cativeiro da terra*. São Paulo: Ciências Humanas, 1979, *Os camponeses e política no Brasil*. Petrópolis: Vozes, 1981, *Expropriação e violência*. São Paulo: HUCITEC, 1980.

[7] Emilia Viotti da Costa. *Da monarquia à república...*, op. cit., p. 127-147.

[8] Regina Gadelha. A lei de terras (1850) e a abolição da escravidão: capitalismo e força de

Quase todos os estudos refazem a trajetória histórica da legislação portuguesa, da denominada Lei Mental, de D. Fernando, discutindo a quem cabia a posse da terra no Brasil, as cartas de doação de capitanias, as seqüentes e repetitivas determinações sobre sesmarias que prescrevem tamanho, exigências de exploração, necessidade de medição e de registro para confirmação etc.

Através da leitura dos textos citados e de outros relacionados ao tema da administração colonial, é perceptível, como Caio Prado Junior destaca em *Formação do Brasil contemporâneo*, que a administração portuguesa se apresentava e funcionava de forma incongruente, variável e imprevisível, dependendo do autor da lei, do momento e a quem ela era destinada.

O desconhecido universo de ordens, cartas, provisões, alvarás, avisos, regulamentos, forais e regimentos representa e apresenta um Estado não estruturado por via lógica de princípios gerais, como poderia ser pensado, mas sim definido por interesses momentâneos, pessoais, singulares e tópicos.[9]

Raimundo Faoro, em *Os donos do poder*, analisando as características do Estado português, que em seu viés analítico, corresponde a uma organização estamental patrimonialista, após dizer que "o reino era uma vasta casa de negócio", que distribuía generosamente os resultados econômicos de suas conquistas, mostra que a forma estamental estagnada do mundo português, diante do montante das transformações européias, formou uma herança pesada, na qual "a realidade americana torce o conteúdo da lei".[10]

O mesmo autor destaca o papel do município, considerando-o instrumento, pela própria experiência histórica metropolitana, do poder

---

trabalho no Brasil do século XIX. *Revista de História*, São Paulo, 120, jan./jul. 1989, p. 153-162.

[9] Caio Prado Junior. *Formação do Brasil contemporâneo*. Colônia. São Paulo: Brasiliense, 1963. Ver item Administração, p. 296-339.

[10] Raimundo Faoro. *Os donos do poder*. Formação do patronato político brasileiro. Porto Alegre: Globo/São Paulo: EDUSP, 1975. 2 v. Ver v. 1, p. 75-96.

real contra as eventuais forças centrípetas que poderiam se formar no mundo rural, um mecanismo controlador e arrecadador, juridicamente estruturado e fiel ao rei.[11]

Entretanto, como seu objetivo é o estudo do sistema político, não avançou as considerações na direção da questão da administração municipal em si, seu âmbito de atuação, sua significação política, por onde talvez se pudessem extrair elementos para a compreensão da propriedade do solo urbano, do tratamento legal e consuetudinário dado à terra urbana.

Tanto Caio Prado Junior como Raimundo Faoro fizeram observações pertinentes sobre a questão da municipalidade, embora sob perspectivas e ângulos analíticos diversos, como já fora observado por Graça Salgado, em *Fiscais e Meirinhos*.[12]

A busca de estudos sobre esse tema revelou obras basicamente voltadas para o evolver histórico e funções administrativas, todas contribuições significativas, mas que não enfocavam a questão da propriedade da terra. Entretanto, contribuíram para o desenvolvimento do trabalho e essas obras são citadas nos locais pertinentes.

O verbete Ordenações, de autoria de Franz Paul de Almeida Langhans, no *Dicionário da história de Portugal*, reforçou a percepção de uma legislação estruturada de modo diferenciado do nosso, somando quase que aleatoriamente partes das quatro tradições jurídicas encontradas no reino: a romana, a visigótica, a muçulmana e a hispânica.[13]

Elaborei uma hipótese para fazer avançar a pesquisa, que usei como ponto inicial: a de que, na prática, a terra urbana não sofrera tratamento diferenciado, quer institucional e consuetudinariamente, quer legalmente.

---

[11] Idem, ibidem. Ver v. 1, p. 141-167.

[12] *Fiscais e meirinhos: a administração no Brasil colonial*, coord. Graça Salgado e outros. Rio de Janeiro: Nova Fronteira/Brasília: INL – Fundação Nacional Pró-Memória, 1985. Ver p. 69-72.

[13] Ver Franz Paulo de Almeida Langhans. Ordenações. In: *Dicionário da história de Portugal*, org. Joel Serrão. Porto: Liv. Figueirinhas, s.d. 3 v. Ver v. 3, p. 205-223.

Entretanto, o compulsar da documentação histórica do período colonial explicitou claramente a existência de diversidades. A própria forma de obtenção de terra para a propriedade rural, a "sesmaria" e para a propriedade urbana, a "data de terra", ou "chão de terra", apresentava diferenças.

A primeira podia ser obtida por ato do rei, diretamente, ou via donatário, seu loco-tenente na ausência deste, do governador geral ou do capitão-general, com condição de exploração e livre de "foro" pelo menos até o final do século XVII, mediante a exigência de pré-requisitos do solicitante como capital e situação social

A segunda era cedida pela Câmara, instância de poder local, detentora de um "termo" sobre o qual tinha jurisdição legal, jurídica, militar, econômica e administrativa, com o poder de conceder terra para moradias e exploração, quer gratuitamente, quer através do "foro", que era parte de seus rendimentos.

As dimensões das concessões eram diversas, como também eram as razões alegadas nos pedidos. Para "sesmaria" a justificativa do pedido incluía a alegação de bens para a exploração, braços para o trabalho, animais e instrumentos para tal, ou mesmo no fato de já estar explorando a terra. Para a "data de terra" o pedido baseava-se na necessidade, na pobreza, no morar na vila, na troca de serviços com a Câmara etc. As dimensões delas também eram absolutamente distintas. As "sesmarias" podiam ser de tamanho variado, mas nos primórdios da colonização abrangiam de uma a três léguas, simples ou em quadra, mas os "chãos de terra" eram dados ou cedidos graciosamente em braças.

Ao avançar nos estudos sobre legislação e administração colonial e metropolitana me encontrei num labirinto. Não há estudos sólidos que tratem de tais aspectos, que podem ser considerados elementares para a compreensão do passado, nem os que expliquem a terminologia empregada, ou definam a abrangência das leis e das determinações.

Como não encontrasse elementos referentes à questão da terra urbana, nos estudos já realizados sobre a terra como propriedade, quer nos históricos, sociológicos ou jurídicos, retomei a legislação, utilizando um marco consensual e tradicional dos estudos sobre terra, que é a chamada Lei de Terras de 1850.

A Lei de Terras e a terra urbana

Paralelamente ao texto da Lei de Terras, foram examinadas também as obras coevas que procuraram apresentar e debater a questão.

A leitura das obras contemporâneas ao momento da emissão da legislação possibilitou não só a tentativa inicial de compreensão da estrutura jurídica vigente no período imperial, como permitiu a agregação, via obras diversas, da incontável quantidade de atos legais que dirimiam as dúvidas dos administradores públicos e explicavam a aplicação da lei, seus limites e formas de atuação.

Os numerosos avisos, circulares, regulamentos estão editados na série irmã da *Coleção das Leis do Império do Brasil*, a denominada *Coleção das Decisões do Governo do Império do Brasil*. Devo reconhecer que se não tivesse localizado as coletâneas contemporâneas, o desenvolvimento do trabalho de pesquisa teria se tornado impossível, pela dificuldade de retraçar em consulta direta às fontes legais, o processo de aplicação que abrangeu mais de vinte anos. Como nenhuma das publicações utilizadas contém sumário explícito de conteúdo e abrangência, caso não se conheça o número e a data exata do ato ou diploma legal desejado, seu encontro acaba sendo obra do acaso ou resultado de esforços desmesurados.

A obra mais próxima da própria legislação é a de José Augusto Gomes de Menezes, *Rápido exame da lei sobre as terras devolutas e colonização*. O autor considerou como pontos principais os modos de adquirir as terras devolutas, a sua conceituação, a revalidação das sesmarias e legitimação das posses.[14]

---

[14] José Augusto Gomes de Menezes. *Rapido exame da lei sobre as terras devolutas e colonisação*. Itaborahy: Typ. de J.H.de M. Drumond, 1859.

Ao delimitar o significado da lei que, a seu ver, substituíra o método anterior a 1822, que era o das "sesmarias", e o posterior, o da "posse", destaca o respeito aos direitos adquiridos, mas ao definir "terras devolutas" considerou-as "terras públicas", isto é, pertencentes à nação, à comunhão dos cidadãos e que poderiam ser adquiridas por compras, e não deixou de esclarecer que as terras municipais e provinciais não estavam na mesma categoria, pois eram destinadas a algum uso.[15]

Higino Alvares de Abreu e Silva, em *A lei n. 601 de 18 de setembro de 1850 pertence exclusivamente ao domínio do Direito Civil?*, uma dissertação para obtenção do grau de Doutor em Ciências Jurídicas, definiu-a como parte do Direito Civil, destacando a garantia do direito de propriedade e o significado que uma legislação de tal tipo tinha em um país agrícola. Em seu curto texto, chamou atenção para a correlação direta entre a lei de proibição do tráfico de escravos e a lei de terras, pois a extinção do tráfico liberava capitais para outras atividades econômicas, e a lei que estudava prevenia a falta de braços para a lavoura. Em seu entender, a possibilidade de aquisição de terra pela regularização do processo de acesso à propriedade era um dos aspectos mais positivos, pois isso poderia atrair colonos, visto permitir a naturalização de estrangeiros que a adquirissem, e em item especial autorizava a vinda anual de colonos.[16]

De extrema utilidade foi J.M.P. de Vasconcellos, cujo *Livro das terras ou Collecção da lei, regulamentos e ordens expedidas...*, ao coletar e editar a vasta matéria referente à Lei de Terras, possibilitou o desenvolvimento de uma etapa do trabalho, quando já estava desanimada com os parcos resultados obtidos na legislação.[17]

---

[15] Idem, ibidem. Ver p. 6-10 e 10-20.

[16] Hygino Alvares de Abreu e Silva. *A lei n. 601 de 18 de Setembro de 1850 pertence exclusivamente ao domínio do Direito Civil? Quaes são as rasoes que se deduzem de suas disposições para sustentar a opinião contraria?* Dissertação que por defender theses para obter o grao de Doutor em Sciencias Juridicas e Sociaes apresentou... Bacharel formado pela Faculdade de Direito de São Paulo. São Paulo: Typographia Litteraria, 1859.

[17] J.M.P. de Vasconcellos. *Livro das terras ou Collecção da lei, regulamentos e ordens expedidas a respeito desta materia até o presente seguido da forma de um processo de*

Por ele foi possível acompanhar a seqüência da legislação e perceber o grau de complexidade e de dificuldade que cerca a legislação imperial. A coletânea legal de Augusto Teixeira de Freitas Junior, *Terras e colonização*, também foi útil na localização de matéria legal que poderia vir a ser de interesse, visto avançar até 1876.[18]

No texto do trabalho preferi usar as leis coletadas por Cândido Mendes de Almeida, autor de renome, saber jurídico e reconhecimento público, que editou parcela ponderável da legislação colonial e imperial, pelo menos até os anos 1970, como complemento da monumental reedição das *Ordenações Filipinas*. Pela facilidade de acesso, consulta e organização, eu utilizei o texto da edição fac-similar da Fundação Gulbenkian, que permitiu melhor exploração do material.[19]

Como estou trabalhando com textos de época diretamente, bem como com transcrição de documentos em leitura paleográfica, nas quais as normas de transcrição não estão claramente apresentadas, decidi manter a ortografia da época de publicação, evitando a modernização, tanto nas citações bibliográficas como nas transcrições documentais e legais. A existência de diversas edições de documentos e textos legais, com variações ortográficas às vezes bem significativas, reforçou a consideração de evitar a modernização, pela impossibilidade de consultar os textos originais e as primeiras edições.

A leitura direta da legislação levou ao encontro dos elementos que considero pertinentes na discussão da terra urbana.

---

medição organizado pelos juizes commissarios, e das reflexões do Dr. José Augusto Gomes de Menezes, e de outros que esclarecem e explicão as mesmas leis e regulamentos. Rio de Janeiro: Eduardo 8 Henrique Laemmert, 1860.

[18] Augusto Teixeira de Freitas Junior. *Terras e colonisação. Contem a Lei n. 601 de 18 de Setembro de 1850, o Regulamento n. 1318 de 30 de Janeiro de 1854, o Regulamento de 8 de Maio de 1854, Portaria n. 385 de 19 de Dezembro de 1855, Regulamento n. 3784 de 19 de Janeiro de 1867, e Regulamento n. 6129 de 23 de Fevereiro de 1876 que, reorganisou a Inspectoria Geral das Terras e Colonisação, annotados e additados... por...* Rio de Janeiro: B.L. Garnier Liv. Ed., 1882.

[19] *Ordenações filipinas*. Nota de apres. Mário Júlio de Almeida. Ed. fac-similar da ed. de 1870 de Cândido Mendes de Almeida. Lisboa: Fundação Calouste Gulbenkian, 1988 3 v. Ver "Legislação brazileira", que está editada na parte final de cada um dos três volumes.

O texto da Lei n. 601, de 18 de setembro de 1850, apresenta em linguagem clara, em seu art. 1º, que a forma de aquisição de terras devolutas passa a ser a compra; mantém os campos de uso comum dos moradores de freguesias, municípios ou comarcas, no 4º parágrafo do art. 5º; define que o domínio público será diferenciado do particular, no art. 10; e no art. 12 separa o que considera domínio próprio, isto é, discrimina as terras do poder público das denominadas devolutas: "O Governo reservará das terras devolutas as que julgar necessárias: 1º, para a colonisação dos Indígenas: 2º, para a fundação de Povoações, aberturas de estradas, e quaesquer outras servidões, e assento de Estabelecimentos publicos; 3º, para a construcção naval".[20]

A questão das terras devolutas já vinha sendo objeto de preocupação do governo imperial, pois seu arrendamento fora proibido pelo Aviso n. 43, de 16 de março de 1848, reiterado pela Lei n. 628, de 17 de setembro de 1851, no seu art. II n. 5. As províncias haviam recebido pela Lei n. 514, de 28 de outubro de 1848, em diferentes locais de seu território diversas seis léguas em quadra de terras devolutas para colonização. O Aviso de 24 de março de 1851 declarou que vigorava a Lei n. 514, mas que, de ora em diante, ficavam vedadas as concessões gratuitas de terras devolutas. Em 19 de julho de 1872, o Aviso n. 225 passou o restante das terras devolutas, no caso das concessões gratuitas, ao poder legislativo provincial.[21]

No Regulamento de 30 de janeiro de 1854 que manda executar a Lei das Terras – Decreto n. 1318 de 30 de janeiro de 1854, consta no art. 30, referente à Repartição geral das terras públicas, que entre suas

---

[20] Lei n. 601 de 18 de setembro de 1850. Dispoem sobre as terras devolutas no Império, e acerca das que são possuídas por título de sesmaria sem preenchimento das condições legaes, bem como por simples titulo de posse mansa e pacifica; e determina que, medidas e demarcadas as primeiras, sejão ellas cedidas a titulo oneroso, assim para emprezas particulares, como para o estabelecimento de Colonias de nacionaes, e de estrangeiros, autorizado o Governo a promover a colonisação estrangeira na forma que se declara. *Collecção das Leis do Império do Brasil*, 1850, tomo II, parte 1ª, secção 44ª, p. 307-313.

[21] Indicação de Freitas, op. cit.

competências está, conforme o parágrafo 30: "Propor ao Governo as terras devolutas que deveriam ser reservadas: 1º para a collonisação dos indígenas; 2º para a fundação de povoações, aberturas de estradas e, quaisquer outras servidões e assentos de estabelecimentos publicos".[22]

No cap. III, art. 22, na nota 2 o comentarista acrescentou: "os proprietarios que tiverem adquirido por compra, ou qualquer outro título legítimo, terras de cultura ou criação, originariamente concedidas pelas camaras municipais acham-se incluidos na ampla disposição deste artigo". E no art. 44, referente à medição de posses não situadas dentro de sesmarias, em terrenos devolutos, estão preservados os "campos de uso comum" (destaque do texto), conforme Cândido Mendes declara na nota 1, referente ao Aviso de 25 de novembro de 1854, reiterado pelo Aviso de 5 de julho de 1855, de que ele só pode ser usufruído e não ocupado.[23]

No cap. IV – Das terras reservadas, no art. 76 estão as orientações para fundação de povoações, incluindo as de servidões públicas, equipamentos urbanos e administrativos, e no art. 77 consta que "As terras reservadas para a fundação de povoações serão divididas, conforme o governo julgar conveniente, em lotes urbanos (1) e rurais, ou somente nos primeiros".[24] Indica a nota 1 que o patrimônio das câmaras municipais deveria ser mantido e, nas novas vilas a serem criadas, concedido pelo governo provincial para aforamento e renda. Entretanto, o Aviso de 12 de outubro de 1854 suspendeu a distribuição de lotes urbanos até decisão posterior.[25]

No art. 78 estão enunciadas as normas para divisão dos lotes de terras destinadas a novas povoações, demonstrando pela primeira vez na

---

[22] Decreto n. 1318 de 30 de janeiro de 1854. Manda executar a Lei n. 601 de 18 de setembro de 1859, reproduzido de *Ordenações filipinas*, op. cit., livro 40, p. 1088-1105. Todas citações em seqüência foram extraídas dessas páginas.

[23] Idem, ibidem.

[24] Idem, ibidem.

[25] Idem, ibidem.

legislação territorial a preocupação com critérios que podem rudimentarmente ser considerados de planejamento urbanístico.

O art. 79 mantinha o foro e o laudêmio e dava sua destinação obrigatória nas povoações até a elevação à vila, quando a administração passava para a municipalidade, porém mantendo o mesmo uso.

No cap. IX – Do registro das terras possuídas, consta no art. 91 que "Todos os possuidores de terras, qualquer que seja o título da sua propriedade, ou possessão, são obrigados (1) a fazer registrar as terras, que possuírem (2), dentro dos prazos marcados pelo presente Regulamento".

Na nota 1 Cândido Mendes informou que pelo Aviso n. 17, de 29 de setembro de 1855, os terrenos aforados pelas Câmaras Municipais não estavam obrigados ao Registro, quando dentro da linha divisória, da mesma forma que os arrendatários e foreiros, conforme o Aviso n. 54, de 15 de fevereiro de 1858.

Na nota 2 acrescentou que:

> Na obrigação do registro imposta neste art. não foram comprehendidos os terrenos que ficão dentro da demarcação da Decima Urbana, ou fóra da circunscripção especial e limite para este fim deve mandar traçar o Presidente da Província em torno das Povoações onde a demarcação da Decima Urbana incluir terras destinadas à lavoura ou criação, e onde não haja e mesma demarcação,

conforme está nos Avisos de 11, 13 e 17 de janeiro de 1855.

O texto estrito do Aviso de 13 de janeiro, nos Aditamentos, é o seguinte: "Visto ser principio regulador do Registro das terras possuídas o destino destas para lavoura ou criação, se observe em geral como linha de separação a demarcação da decima urbana declarando comprehendidos na obrigação do registro todos os terrenos, que estão fora da dita demarcação".

O texto da Circular aos Presidentes das Províncias, de 13 de janeiro de 1855, da Repartição Geral das Terras Públicas, declara quais os terrenos sujeitos ao registro nos termos do art. 91 do Regulamento de 30 de janeiro de 1854:

(...) visto ser principio regulador do registro das terras possuídas o destino destas para a lavoura ou criação, se observe em geral como linha de separação a demarcação da decima urbana, declarando-se na obrigação do registro todos os terrenos, que estão fora da dita demarcação; e que, quando aconteça acharem-se dentro desta alguns, que são destinado para a lavoura ou criação, em tal caso ficão nas Provincias autorisados os Presidentes para fazer huma circumscripção especial para aquelle fim, bem como para estabelecer hum limite nas povoações, onde não haja demarcação da decima...

A leitura da legislação levou à comprovação de que a terra urbana estava claramente separada, em termos legais, da terra rural. Havia para a área de ocupação de terras a partir de uma povoação, vila ou cidade, uma legislação e regulamentação específica, com o termo, área jurisdicional da Câmara, com "terras de uso comum", com foros e laudêmios, terras de uso e finalidades públicas, com um tributo, a Décima urbana sobre prédios, que não vigorava nas propriedades rurais.

Se as povoações, vilas e cidades detinham uma parcela de terra, de administração camerária, submetida a outras regras legais, que pelos textos vinham de outro momento, qual fora a legislação que dera origem a essa especificidade?

Qual o poder legal das Câmaras, e quais as áreas que tinham sob suas ordens, para que parcelas dela ficassem isentas da obrigação de serem registradas?

O fato de não serem obrigadas ao registro significava que essas porções eram protegidas e estavam, ao menos temporariamente, livres do mercado de terras. Em algumas áreas, sob controle municipal, a terra ainda não fora transformada em mercadoria, continuando a ser distribuída pela Câmara como parte do "bem comum", e se mantinha como bem de uso coletivo.

Entretanto, deve-se destacar que, da mesma maneira como se propunha para a área rural, o direito de propriedade foi preservado e mantido, independentemente da forma de obtenção.

Na região sob controle das Câmaras Municipais, que preservaram legalmente o espaço para seu domínio, as seis léguas imemoriais, que eram para uso e usufruto do Concelho, para serem aforadas ou cedidas graciosamente, na prática foram perdidas. Toda a área física acabou ocupada por posseiros, e a que não sumariamente perdida, foi obrigada ao registro.

Chamo a atenção para o fato não suficientemente esclarecido de que a área do perímetro urbano, da terra urbana, foi expressamente delimitada pela área atingida pela Décima.

Os termos da Lei de Terras são considerados claros e seus objetivos e alcance têm sido muito debatidos pelos especialistas que no entanto não se aperceberam da estranha forma pela qual um arrolamento de propriedades, melhor dizendo, de prédios urbanos, realizado para fins de tributação no início do século XIX, foi transformado em definição, em identificação da área ocupada nos núcleos urbanos, quase quarenta anos depois, desconhecendo a extensão efetivamente ocupada e a expansão da população.

A cidade de São Paulo à época da Lei de Terras

Como aconteceu em todo o território imperial na cidade de São Paulo também a Lei de Terras foi aplicada. A exigência de registros para todas as terras, ao menos de maneira formal, foi cumprida. Nas paróquias então existentes foram abertos e escritos os Registros Paroquiais, que hoje em sua grande maioria estão recolhidos aos arquivos públicos.

Na cidade de São Paulo, em suas várias freguesias, espalhadas pelo seu termo, também foram anotados os Registros paroquiais, depositados no Arquivo do Estado e já inventariados por Viviane Tessitore. Do trabalho realizado foi editado o volume denominado *Registros de terras de São Paulo*, referente à freguesia da Sé. Pela leitura se comprova a demarcação da área urbana pela Décima Urbana.

Nos registros da freguesia realizados, em número de 69, os locais indicados, recuperados tanto pelas fichas de identificação como pelo índice toponímico, ficavam exteriores à área definida como urbana, pois estavam localizados no Cambuci, na Glória, no Ipiranga, no Lavapés, no Moinho Velho, na Ressaca, em Santo Amaro, São Bernardo, São Caetano etc.[26]

Mas o que era a cidade nos anos cinqüenta do século XIX?

A descrição de Avé-Lallement, em sua viagem pelas províncias do sul, apresenta uma visão meio depreciativa do que vira.

> Afinal, de longe, avistei São Paulo, muito simples, numa colina sobre uma vasta depressão. Meia légua antes dela se passa pelo célebre Campo do Ipiranga, no qual, há trinta e seis anos, o Imperador Pedro I proclamou a independência do Brasil...
>
> Cheguei a São Paulo ao meio-dia...
>
> Que devo dizer da cidade? Muita coisa me contaram da elegância das ruas, de limpeza das casas, do esplendor das igrejas e certa aparência aristocrática da população em geral, muita coisa que, a vários respeitos, não devia ver enganosamente.
>
> Algumas ruas, um ou outro bairro bonito e às vezes até magníficos; em alguns lugares, fileiras de casas assobradadas e, além disso, bom empedramento com calçadas, mas em geral ruas estreitas e a cidade absolutamente irregular.
>
> As igrejas que vi são bonitas, algumas ornadas, no entanto nenhuma me causou grande impressão. A Faculdade de Direito dá uma boa impressão e parece-me o mais notável de todos os edifícios da cidade.
>
> O palácio do Presidente era antes um colégio eclesiástico e compreende os dois lados de uma praça onde fica o hotel em que me hospedei. Tudo, nessa praça, parece monacalmente velho e impressão semelhante me deu São Paulo. Ali

---

[26] *Registro de terras de São Paulo*, v. 1: Sé, org. de Viviane Tessitore. São Paulo: Arquivo do Estado de São Paulo, 1986. Os volumes seqüentes estão em processo de edição.

cheira a Témis e a velho jesuitismo; o primeiro odor aumenta, pois a Faculdade de Direito tem 500 a 600 alunos, cuja vida, naturalmente, deve diferir bastante da vida dos estudantes alemães. A Igreja, porém, espera uma regeneração de um novo seminário em que são professores católicos sérios, sardos e franceses...

Devo mencionar um bonito e grande jardim que serve para passeio e para instrução botânica...

...pouco mais tenho a dizer sobre a Cidade de São Paulo. A Faculdade de Direito pede um estudo muito mais amplo do que posso dar aqui, pois o instituto é da máxima importância para todo o país...

Tenho também pouco a dizer do hospital da cidade...

Mas, em vez de levar qualquer coisa a mal, em 28 de setembro, muito contente, montei um matungo que aluguei, e saí, muito pouco satisfeito com a Cidade de São Paulo e suas elogiadas magnificências, depois que, ainda na tarde anterior, eu visitara o Tietê, que fica apenas a meia hora de distância da cidade.[27]

Para ter um referencial espacial do que significava a cidade de São Paulo em 1850, e qual era o seu entorno, no qual se realizara o registro de terras, consultei o mapa 01 da obra *São Paulo antigo. Plantas da cidade.*[28]

Nela consta uma planta da cidade de São Paulo datada de 1855.[29]

Na cidade de São Paulo após a Lei de Terras e o registro das terras possuídas, apesar da definição do perímetro urbano pela área da Décima Urbana, continuaram em vigor as delimitações tradicionais do termo e do rossio que vinham dos primórdios da colonização.

---

[27] Robert Avé-Lallement. *Viagens pelas províncias de Santa Catarina, Paraná e São Paulo (1858).* Belo Horizonte: Itatiaia/São Paulo: Edusp, 1980. p. 331-352.

[28] *São Paulo antigo. Plantas da cidade.* Comissão do IV Centenário de fundação. São Paulo: Melhoramentos, 1954.

[29] Cada um dos mapas existentes na edição de 1954, além da redução, manteve a perspectiva original da época em que foi feito e as medidas correntes. Em função das dificuldades para comparar a área ocupada, no decorrer da pesquisa, foram realizados alguns mapas com transposições de informações para outra base que ficou sendo a comum, o mapa de 1887, manualmente, por geógrafas, orientadas por Marcelo Martinelli. Na edição, utilizamos reprodução digitalizada dos mapas da edição comercial de 1954.

Mapa 01

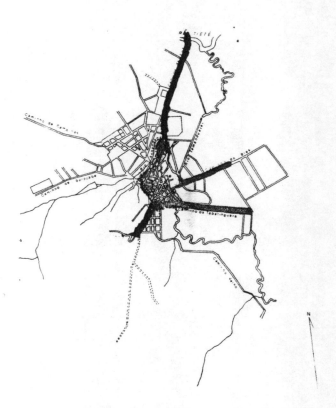

Mapa da Imperial cidade de São Paulo, 1855, In: *São Paulo antigo*, op. cit.

As demarcações coloniais

Ao encontrar a terra urbana, definida na legislação imperial oitocentista, com uma abrangência física e a manutenção dos direitos "imemoriais", isenta da obrigatoriedade de registro paroquial, busquei refazer o caminho histórico das demarcações da área urbana, do inicio do século XIX, retornando ao século XVIII, ao XVII e ao XVI.

Lembro que mesmo a regulamentação da Lei de Terras manteve a área de seis léguas de domínio camerário nas povoações, o direito à concessão dessa terra pelas Câmaras, o direito ao aforamento e a "terra de uso comum".

Retraço o processo para encontrar a origem e explicação dessas formas e a possível relação entre elas e a cidade contemporânea.

A Décima Urbana

A legislação imperial de 1850 com seus regulamentos, circulares e avisos que buscavam esclarecer o escopo legal, remeteu a pesquisa à procura da Décima Urbana.

A inexistência de estudos brasileiros sobre o sistema tributário e imperial inicialmente se apresentou como obstáculo quase intransponível. Como identificar abrangência, alcance, concretude do tributo? Como reconhecer seu significado?

A opção feita foi, de um lado, explorar a legislação e os elementos que ela poderia oferecer, e, de outro, buscar a documentação arquivística porventura existente, especificamente para a cidade de São Paulo.

A Décima Urbana foi criada por Alvará de 27 de junho de 1808 como um imposto sobre os prédios urbanos; no dizer de seus autores, tinha como objetivo aumentar as rendas públicas para fazer face às despesas do Estado, visto recair sobre bens de raiz e atingir grande parcela da população, incluindo até mesmo os inquilinos.[1]

No citado Alvará estava determinado que os proprietários de todos os prédios urbanos habitados, na Corte, cidades, vilas e lugares notáveis na faixa litorânea, exceto os da Ásia e os das Casas de Misericórdia, passavam a pagar anualmente para a Fazenda Real 10% do rendimento líquido; que a denominação de prédios urbanos compreendia os que estivessem nas demarcações das Câmaras respectivas, nos limites dos locais determinados, e que os foreiros também estavam incluídos na abrangência legal.

Para a cobrança do novo tributo a Coroa exigiu a formação de uma Junta da Décima, para lançamento do valor, composta por Superintendente, que deveria ser Juiz do Crime, nos locais em que este funcionasse, ou então Ouvidor ou Juiz de Fora, um Escrivão, dois homens bons, um nobre e outro do povo, dois carpinteiros, um pedreiro e um fiscal, obrigatoriamente advogado. Os membros deveriam ser propostos pelo Superintendente e aprovados pelo Conselho da Fazenda.

A anotação do lançamento da Décima deveria ser realizada em um caderno, no qual constassem todas as propriedades urbanas, com o nome de seus habitantes, quantidade de andares e lojas, indicando quando havia inquilinos, foros ou censos.

O texto mandou que fossem realizados dois livros para lançamento e outros dois para receita, devendo um exemplar de cada ser remetido para a Junta da Real Fazenda. Dispôs ainda do valor das comissões a

---

[1] Alvará de 27 de junho de 1808. Crêa o imposto da decima dos predios urbanos. Cartas de Lei Alvarás Decretos e Cartas Régias. *Colleção das leis do Brazil de 1808*. s.n.t., p. 69-72.

serem pagas ao Superintendente, oficiais e cobradores e sobre o depósito do valor arrecadado.

O Alvará do Príncipe Regente determinou a cobrança no mesmo ano, no mês de dezembro, com dez dias de prazo entre o lançamento e o pagamento, com emissão de recibo e imediata execução dos devedores. Para os anos seguintes, determinava duas cobranças, uma em junho e outra em dezembro.

O Alvará revogava, como quase toda a legislação, as disposições em contrário e recebia o valor de carta passada em chancelaria, mesmo sem ser nela registrado, com efeito duradouro.[2]

Destaco nele especialmente o item II: "Os predios urbanos serão reputados todos aquelles que, segundo as demarcações das Camaras respectivas, forem comprehendidos nos limites das Cidades, Villas e Logares notaveis".[3]

Aparentemente a vontade de fazer frente às despesas do Estado não se concretizou na forma desejada pela Coroa. Em 3 de junho de 1809 foi emitido outro Alvará, que determinava a ampliação do pagamento da Décima de todos os prédios urbanos para todas as povoações, mesmo as que não estivessem à beira-mar, mantendo as mesmas isenções do texto anterior, mas reforçando a exigência de pronto pagamento.[4]

Em 3 de dezembro de 1810, o Príncipe Regente lançou mais um Alvará, que regulava o lançamento e a cobrança da Décima a todos os prédios urbanos em uma só vez, extinguindo os cargos de representante do povo e fiscal, passando a cobrar também dos proprietários dos prédios com foro ou censo e alterando a forma de cobrança para a do primeiro texto legal citado.[5]

---

[2] Idem, ibidem.
[3] Idem, ibidem.
[4] Alvará de 3 de junho de 1809. Determina que paguem Décima todos os predios urbanos. sejam ou não situados à beira-mar. Cartas de Lei Alvarás Decretos e Cartas Régias. *Colleção das leis do Brazil de 1809*. Rio de Janeiro: Imprensa Nacional, 1891, p. 72-73.
[5] Alvará de 03 de dezembro de 1810. Regula o lançamento e cobrança da Décima urbana. Cartas de lei Alvarás Decretos e Cartas Régias. Rio de Janeiro: Imprensa Nacional,*Colleção das leis do Brazil de 1810*, p. 230-232.

A dificuldade de implantar o sistema de cobrança por atos do Estado aparece claramente no caso da Décima Urbana. Em 27 de novembro de 1812 foi publicado um decreto, que regulava o lançamento e cobrança dela, com a justificativa de não funcionamento adequado das medidas anteriores, retornando aos lançamentos e cobranças semestrais, em junho e dezembro.[6]

Em 15 de setembro de 1815 foi publicado outro decreto, que mandava organizar um método uniforme para a escrituração dos lançamentos e cobranças da Décima na cidade do Rio de Janeiro.[7]

Se na capital do Império português, na própria Corte, ocorreram dificuldades quase insanáveis para a implantação do imposto cobrado pelo Estado, pode-se ter em mente os empecilhos encontrados nas Capitanias e nas povoações mais distantes.

Apesar dos tropeços enfrentados para a implantação da Décima Urbana como imposto generalizado, ela se tornou muito significativa, pois criou uma nova demarcação espacial da área urbana, superpondo-se às anteriores e se transformando em marco referencial para a legislação imperial.

Não havia intenção dos legisladores portugueses em substituir as demarcações anteriores, pois no texto da lei declaram expressamente que as Câmaras deveriam ser ouvidas, e não consta em qualquer um dos vários decretos a revogação das demarcações anteriores, e nem a diminuição dos poderes camerários.

A leitura da legislação sugere uma tentativa do Estado de criar, ou melhor dizendo, começar a criar mecanismos de controle financeiro mais estruturados, com a finalidade de fazer frente às despesas crescentes, embora sem definir ainda a destinação e o uso do montante arrecadado.

---

[6] Alvará de 27 de novembro de 1812. Regula o lançamento e cobrança da Décima dos predios urbanos. Cartas de Lei Alvarás Decretos e Cartas Régias. Rio de Janeiro: Imprensa Nacional, *Colleção das leis do Brazil de 1812*, p. 71

[7] Alvará de 15 de setembro de 1818. Manda organisar um methodo uniforme para escrituração dos lançamentos e cobranças da Décima desta cidade. Cartas de Lei Alvarás Decretos e Cartas Regias. Rio de Janeiro: Imprensa Nacional, *Colleção das leis do Brazil de 1818*, p. 83.

A criação do imposto da Décima Urbana também pode ser lido como uma tentativa do Estado de adquirir informações sobre os bens e a população, por conterem tais dados os livros de lançamento. Na área rural, em 1818, foi instituído o "'Inventario dos bens rústicos", que pode ter a mesma dupla significação.[8]

De forma retrospectiva, a implantação de um imposto a ser cobrado em área municipal, independentemente das Câmaras, uma vez estar subordinado à Junta da Real Fazenda, pode ser visto como um dos esforços realizados para diminuir o poderio dessas instituições, fortalecendo o poder central, mas também como medida estritamente monetária, para fazer frente aos crescentes dispêndios do Estado.

Que os direitos das Câmaras não haviam sido, em qualquer momento, revogados aparece explicitamente em 1813, no Decreto de 26 de julho, que ordenou a demarcação dos aforamentos na Fazenda de Santa Cruz e sua redução a perpétuos, designando terreno para uma povoação em Sepetiba, destinada aos pescadores, e declarando que as povoações têm o direito real ao terreno livre, e que as divisões e distribuições deste devem seguir a norma estabelecida pela Câmara do Rio de Janeiro.[9]

O valor legal das determinações camerárias, principalmente quando envolviam o pagamento de foro e a propriedade de terrenos urbanos, estava sendo questionado no início dos oitocentos.

Isso aparece de maneira clara no Alvará de 10 de abril de 1821, em que se formulou expresso o desejo de alguns dos moradores da Corte de obter a anulação dos arrendamentos e do pagamento dos foros devidos à Câmara.[10]

O Alvará se refere a um Acórdão de 20 de junho de 1812, do Juízo dos Feitos da Coroa e Fazenda, que declarara a nulidade de todos os aforamentos

---

[8] Ver Alice Piffer Canabrava. *A repartição de terras na capitania de São Paulo*, 1818. São Paulo: IPE/FEA/USP, 1972.

[9] Decreto de 26 de julho de 1813. Ordena a demarcação dos afforamentos, incluidos na fasenda de S. Cruz, e sua reducção á perpetuos; designando terreno para uma povoação em Sepetiba. *Ordenações filipinas*, op. cit. Legislação brazileira, Additamentos. p. 1027.

[10] Alvará de 10 de abril de 1821. Determina que sejan valiosos os afforamentos dos terrenos desmembrados das primordiaes sesmarias pelos Officiaes da Camara, annullando e cassando o Accordão do Juiso dos Feitos de 1812. Idem, ibidem, p. 1025-1026.

compreendidos nas demarcações da Câmara, obtidos em sucessivas doações, e aforados, anulando os foros e exigindo que os oficiais dessa instituição dessem aos possuidores os títulos respectivos livres de quaisquer ônus.

O recurso dos oficiais da Câmara apelava para as leis do Reino, o silêncio dos povos e das autoridades que nunca haviam vedado os aforamentos, e por mercê concedida pelos reis anteriores, que haviam dado a eles, oficiais da Câmara, a faculdade para aforar as terras da cidade e de mais uma légua ao redor.

O recurso arrolou ainda uma série de Alvarás que convalidavam os contratos de aforamento.

A resolução régia anulou o Acórdão citado, reforçando o valor legal de aforamentos, arrendamentos e enfiteuses, o foro e o fateusim, aforamento perpétuo, material este que não foi localizado.

Considero deveras significativo o fato de ser questionado o direito da Câmara de aforar suas terras logo após a criação do imposto da Décima Urbana, que não é citado no texto legal, mas ao qual obviamente se ligava, na medida em que sua aplicação demarcava a área estritamente urbana, em oposição às áreas jurisdicionais do termo e o do rossio e que para diversos habitantes deveria ser uma bitributação.

Apesar do reforço legal aos direitos camerários em 1821, o Império, logo ao se implantar, fez questão de destruir os poderes que os Senados de Câmara ou Câmaras possuíam.

Cândido Mendes de Almeida, ao apresentar a legislação, a Lei de 1º de outubro de 1828, que criou em cada cidade e vila do Império Câmaras Municipais, destacou em nota que:

> não correspondem estas Corporações aos antigos Senados da Camara ou Camaras simplesmente, que além de administrativas tinhão funcções judiciarias, a por isso não annotaremos esta lei em sua totalidade: o que reservamos para um trabalho especial que sobre este assumpto temos entre mãos.[11]

---

[11] Lei de 1º de outubro de 1828. Creando em cada Cidade e Villa do Imperio Camaras Municipaes. Idem, ibidem, p. 371-379.

A citada lei regulava a forma de eleição, restrita aos que podiam votar na nomeação dos eleitores da paróquia, conforme os termos constitucionais em vigor; definia-as como corporações administrativas; demarcava suas reuniões de três em três meses; a forma de proceder nas sessões e os assuntos de sua pertinência, que eram exclusivamente referentes à esfera local, em termos de bens, obras e manutenção da ordem.

Perderam elas o direito de vender, aforar ou trocar bens e móveis do Conselho sem autorização do presidente de província, devendo justificar e avaliar detalhadamente a operação pretendida. Caso obtida a autorização, a venda deveria ser realizada em leilão público. Restou para as Câmaras o direito de arrendar os bens do Conselho, com as mesmas cautelas e restrições, devendo apenas ser confirmado o ato pelo presidente da província. Caso não desejasse vender ou arrendar os bens, deveria colocar neles administradores, sob responsabilidade dos vereadores.

No art. 51 consta expressamente que seus bens deveriam ser tombados pelos juízes territoriais, devendo defender na justiça qualquer tentativa de diminuição de direitos.

Pelo art. 55 competia às Câmaras a repartição do Termo em Distritos e a nomeação de seus oficiais.

No título III – "Posturas Policiais" – do art. 66 ao 72, estão discriminadas as tarefas que lhes cabe, as quais vão do arruamento às multas para os infratores das posturas.

Mesmo das rendas arrecadadas foi previsto o uso, no título IV, do art. 74 ao 76. Havendo necessidade de mais recursos, deveria ela recorrer ao Conselho Geral da Província.

Foi expressamente vedado a Câmara se transformar em porta-voz das vontades ou necessidades da população, ficando este órgão subordinado legalmente aos presidentes de província.

Boxer, em seu texto clássico, *O império colonial português*, considera que: "A Câmara e a Misericórdia podem ser descritas, apenas com um ligeiro exagero, como os pilares gêmeos da sociedade colonial portuguesa desde o Maranhão até Macau".[12]

---

[12] C. R. Boxer. *O império colonial português*. Lisboa: Ed. 70, 1977.

Comentando a importância da Câmara, pela relação direta com a realeza e representação local, como fornecedora de receitas para a Coroa sempre necessitada de mais recursos financeiros, destacou o autor que por três séculos fora ela uma instituição importante, mas que no século XIX teve seus poderes reduzidos, tanto na área metropolitana como no Brasil independente.

A transformação de órgão autônomo em subordinado, no caso brasileiro, é parte do complexo processo de formação do Estado centralizado e unitário.

Embora a Câmara tivesse perdido muito de suas atribuições, o controle do termo e dos bens do Concelho continuaram sob seu domínio e ação.

Mas a confusa estrutura administrativa herdada da colonização fez que no Império, mesmo com a administração procurando explicitar e esclarecer melhor suas funções, ainda se encontrassem elementos dispersos de atuação de órgãos e superposição de atribuições.

Por exemplo, foi na Lei de 1º de outubro de 1831 – que organizava o Tesouro Público Nacional e as Tesourarias Provinciais, em uma pequena nota do Título II, cap. II – "Da Contadoria Geral" de revisão, no parágrafo 5, que e referente a exigência de fazer assento dos próprios nacionais, e separadamente dos provinciais (contendo o título de aquisição, as confrontações, a data de incorporação e o valor do objeto, que deveria ser escrito em algarismos a margem) –, que se encontra: "A Lei da 12 de Outubro de 1833 Art. 3 – dispoz – Todo o arrendamento de Predios Nacionnaes sera feito a qualquer prazo até o de nove annos. O aforamento porem de chãos encravados, ou adjacentes às Povoações, que servão para edificação, será perpétuo, como o he o dos terrenos de Marinha".[13]

Talvez essa lei de 1833 possa ser considerada como uma etapa prévia da Lei de Terras, visto que transformara os aforamentos de terrenos ur-

---

[13] Lei de 4 de outubro de 1831 da organisação do Thesouro Publico Nacional, e das Thesourarias das provincias do Império. Annotada, e additada com as disposições das leis, e ordens conducentes a sua melhor intelligencia, e execução por José Antonio da Silva Maia, do Conselho de Sua Magestade Imperial para uso dos empregados no Thesouro Publico Nacional, e nas Thesourarias Provinciaes. Rio de Janeiro: Na Typographia Nacional, 1834.

banos em perpétuos; o mesmo se pode dizer da lei de 1831, que exigia o registro dos bens nacionais. Ambas podem ser consideradas preparadoras e organizadoras dos conceitos de propriedade territorial, separando os bens dominiais e públicos dos coletivos e individuais.

Também como etapa preparatória do processo de mercantilização das terras, Faoro viu a abolição dos morgadios pela Lei n. 56 de 5 de outubro de 1835, na perspectiva política de evitar a formação de uma aristocracia hereditária, meio de combater uma possibilidade de enfrentamento do Estado, uma ameaça fantasmagórica do feudal.[14]

Para o Império preocupado em criar uma organização administrativa centralizada, sob comando unitário, defendendo a unidade territorial e o exercício do poder político, a existência de uma área de demarcação, que fora coordenada pelo Estado português, do qual se considerava sucessor direto, era uma expressão legal mais adequada do que as demarcações anteriores, sob controle das Câmaras autônomas, cada qual com conjunto especial de legislação, de forais, cartas régias, provisões e Alvarás; tais áreas, além de tudo, obviamente nunca teriam sido medidas e marcadas corretamente.

Não só inexistiam cartógrafos para todas medições necessárias no espaço colonial, como também o uso constante de referências individuais, e não geográficas, tornava quase impossível retraçar espaços que iam do sítio de fulano para o de beltrano, da árvore para a pedra, do caminho *a* para o caminho *b* etc.

Sabe-se que a Décima Urbana, de tributo, se tornou sinônimo de área urbana pelo próprio texto legal, quase meio século depois e que isentou as propriedades nela contidas do Registro previsto em 1850.

Por outro lado, não deve ser esquecido que o tributo instituído pela Décima Urbana teve longa vida, apesar dos percalços iniciais para sua cobrança, o que pode ser percebido através da seqüência de reiterações citada.

---

[14] Raimundo Faoro, op. cit., v. 2, p. 407-420.

Sobreviveu ela ao Reino Unido, ao processo de Independência, e, após vários anos, em que textos foram sendo editados para solucionar dúvidas, depois da lei de 17 de agosto de 1830, decreto de 7 de outubro de 1831, circular de 21 de novembro de 1834, acabou sendo transformada em imposto provincial, pela Lei de 3 de outubro de 1834, passando a ser cobrada pelas coletorias e tesourarias provinciais.[15] Sofreu transformações sucessivas no valor da alíquota, na forma de cobrança e sobre os imóveis nos quais incidia.[16]

Aparece citada em Daniel Pedro Muller, *Ensaio de um quadro estatístico da província de São Paulo*, de 1838 como imposto provincial cobrado por coletores, nas povoações com mais de cem casas.[17]

Foi cobrada a Décima Urbana na cidade de São Paulo comprovadamente.[18]

Na lei n. 1507, de 26 de setembro de 1867, que fixava a despesa e orçava a receita geral do império, para os exercícios de 1867-68 e 1868-69, e dava outras providências, a Décima Urbana aparece no capítulo II Receita geral – renda ordinária, art. 17, nos seguintes termos: passava para 12%, revogando art. 11, parágrafo 3, n.1 da Lei de 28 de setembro de 1853, e art. 17, parágrafo 2 da Lei de 1º de outubro de 1856; no valor locativo incluiu-se o do terreno anexo ao prédio, em qualquer extensão e gênero de cultura; aplicava-se em todo o Império a Décima adicional das corporações de mão-morta, e passava a ser extensiva aos prédios pertencentes às companhias e sociedades anônimas, associações pias, bene-

---

[15] Ver *Regimento das Camaras Municipaes do Imperio do Brasil*. Lei do 1º de Outubro de 1828, aumengtadas com as leis, resoluções, decretos, regulamentos, avisos, portarias e ordens que lhe dizem respeito publicadas desde a época da Independência até ao presente. Rio de Janeiro: Eduardo & Henrique Laemmert, 1857.

[16] Dados obtidos no trabalho de pesquisa de Viviane Tessitori sobre o sistema tributário imperial, em realização. *Fontes de riqueza pública*: tributos e administração tributária na Província de São Paulo (1832-1892). São Paulo, 1995. Mestrado em História Social - FFLCH-USP

[17] Ver Daniel Pedro Muller. *Ensaio de um quadro estatístico da província de São Paulo*. Ordenado pelas leis provinciais de 11 de abril de 1836 e 10 de março de 1837. Ed. facsimilar. São Paulo: Governo do Estado, 1978.

[18] Dados obtidos na documentação de Barreiras – Capital, Tempo Imperial. Documentação Histórica – DAESP.

ficentes e religiosas. A Circular do Governo n. 35, de 30 de setembro de 1867 reiterou os mesmos termos: cobrança de 12% na Décima adicional dos prédios das corporações de mão-morta, os prédios dos bancos, companhias e sociedades anônimas, e associações pias, beneficentes ou religiosas, incluindo no valor locativo o do terreno anexo.[19]

Ainda no mesmo capítulo, no art. 34, que discriminava a relação dos impostos que formavam a renda geral, constam no item 33 os foros de terrenos e marinhas, exceto os do Município da Corte; item 34, os laudêmios, na mesma situação; item 35, Décima Urbana de uma légua além da demarcação, no mesmo local; item 36, Décima adicional das corporações de mão-morta, e, no item 60, Décima Urbana.

A lei orçamentária de 1867 incluiu novas taxações e tributos, tais como o imposto pessoal e o imposto sobre vencimentos, que ampliavam o quadro dos contribuintes da fazenda imperial, pois o Estado ainda não conseguia fazer frente aos dispêndios necessários para seu funcionamento, embora já tivesse centralizado a arrecadação dos tributos nas tesourarias provinciais e na tesouraria nacional.

Cândido Mendes de Almeida colocou em nota que:

> Publicamos neste lugar a presente lei, em rasáo das alterações que soffrerão os impostos, tanto em seus algarismos, como no modo de sua cobrança, maxime aquelles, que mais proxima relação têm com o Direito Civil, como o Sello, os Novos e Velhos Direitos, a Siza, taxas de Heranças e Legados, etc.
>
> A nova legislação constitue uma époocha notavel no Paiz, pelos pesados onus a que o sujeitou.[20]

Mas, no caso em estudo, o interesse maior é como a Décima Urbana foi lançada e aplicada na cidade de São Paulo, e como marcou a área

---

[19] Ley n. 1507 de 26 de setembro de 1867. Fixa a despesa e orça a receita geral do Imperio para os exercícios de 1867-68 e 1868-69, e dá outras providencias. *Ordenações Filipinas*, op. cit., p. 517-528

[20] Idem, ibidem, nota 1.

urbana por um longo período posterior, superpondo-se às prévias demarcações existentes.

A Décima Urbana da cidade de São Paulo

A Junta da Real Fazenda existiu na cidade de São Paulo como em todas as cidades do Reino, e deve ter instaurado o sistema de tributação e cobrança da Décima Urbana.

Entretanto, os livros pertinentes a esse tributo não foram localizados na documentação guardada sob a denominação de Real Fazenda de São Paulo – 1722-1822.[21]

Existe um "livro de lançamento da décima dos prédios", na Divisão do Arquivo do Estado, catalogado e guardado nos documentos referentes a questões de terras, isto é, em Sesmarias.[22]

Esse manuscrito é o único exemplar encontrado pertinente ao tributo da Décima Urbana na cidade de São Paulo, sendo o outro pertencente à Décima da cidade de Santos.

O livro é encadernado em couro, com conservação precária, sem título na capa, com fólios descosturados, páginas rendilhadas pelos insetos, azuladas e com tinta amarelada. Possui 125 fólios rubricados – Ornellas – e no termo de encerramento, datado de 30 de dezembro de 1809, consta que ele "serve para o que se declarou no início", assinando o Superintendente da Décima, Manoel Joaquim de Ornellas.

Não existe o fólio 1, e o fólio 2 traz o "ABCDario" das ruas e travessas, com a indicação do fólio em que estão.

No fólio 3 está o Termo de identificação dos que compõem a Junta da Décima: escrivão da executoria, Antonio Xavieer Ferreira; fiscal, Bacharel Manuel Joaquim de Ornellas; nobre, Tenente Coronel Francisco

---

[21] Tempo Colonial – Real Fazenda de São Paulo - 1722-1822, n. ordem 0243-0244. Documentação Histórica – DAESP.

[22] Tempo Colonial – Sesmarias, livro sem título, n. ordem 6653. Documentação Histórica – DAESP. Todos os dados a seguir foram extraídos dele.

Alvares Ferreira do Amaral; povo, Lourenço da Silva Barros; carpinteiros, José Ferreira e José Joaquim de Carvalho, pedreiro, Manuel Rodrigues, e refere-se ao Superintendente da Décima na cidade de São Paulo, ao governador e capitão-general, presidente da Junta da Real Fazenda. Antonio José de Franca e Horta, escrivão, Luiz Antonio da Silva Freire, datado de São Paulo, 9 de novembro de 1809.

Na seqüência consta o termo de juramento dos nomeados sobre os Evangelhos, datado de 10 de novembro de 1809, diante do Desembargador Miguel Antonio Azevedo Veiga, ouvidor geral corregedor, juiz executor da Real Fazenda, superintendente da Décima na cidade.

No fólio 78 e 78v. há uma cópia da provisão, expedida pela Junta da Fazenda, na qual foi nomeado o novo superintendente da Décima, Manuel Joaquim de Ornellas, em substituição pelo impedimento do anterior, e propõe para fiscal Miguel Carlos Aires de Carvalho. No fólio seguinte, 79, está o termo de juramento do novo fiscal.

No fólio 124, o último utilizado, consta o valor total lançado, que foi de 1:302$241, e por extenso, um conto trezentos e dois mil duzentos e quarenta e um réis, o que corresponde à décima parte do valor atribuído aos prédios urbanos da cidade de São Paulo que, por esse documento, pode ser calculado em treze contos e vinte e dois mil e quatrocentos e dez reis, 13:022$410.

No fólio 4 tem início a descrição das propriedades, por ruas, sempre começando pelo lado esquerdo, e depois pelo direito, sempre com a mesma letra, que pode ser atribuída a Manuel Joaquim de Ornellas.

Nos fólios 4 e seguintes, até o fólio 124, encontra-se a indicação de ruas, número e valor das propriedades. Deve-se lembrar que por propriedade, na letra da lei e no entendimento dos lançadores, estavam incluídas desde a casa simples, talvez o que tem sido denominado "porta e janela", o assobradado, até a casa com loja, casa com quintal etc.

No cômputo das propriedades foram lançadas todas as existentes, inclusive as que os lançadores consideraram "sem valor", que por estarem arruinadas, em obras ou abandonadas, ficaram isentas do lançamento do imposto, mas mesmo assim estão arroladas.

Pelo lançamento da Décima Urbana, a cidade de São Paulo em 1809, era composta pelas seguintes ruas ou travessas e quantidade de casas, na freguesia da Sé, abaixo arroladas:

> Rua Direita 45
> Rua do Comércio 34
> Rua do Rozario a Boa Vista 73
> Travessa do Bexiga 4
> Travessa das Cazinhas 19
> Travessa da Boa Vista 24
> Rua da Boa Vista 37
> Beco do Barbas 22
> Beco do Rosario 1
> Travessa da Rua do Comércio 13
> Rua de S. Bento 112
> Travessa da Lapa 7
> Rua de S. José 46
> Rua do Ouvidor 46
> Rua do Príncipe 30
> Travessa da rua do Príncipe 7
> Rua de S. Gonçalo 35
> Rua do Jogo da Bolla 10
> Rua da Freira 23
> Rua de tráz da Sé 12
> Rua da Esperança 19
> Largo de S. Gonsalo 17
> Rua dos Quartéis 31
> Rua das Flores 50
> Rua de S. Francisco ao Jogo da Bolla 9
> Travessa para a Santa Caza 2
> Rua da Cadea 55
> Rua de Tabatinguera 58
> Travessa dos Quartéis 8

Rua do Carmo 49
Rua de S. Thareza 24
Mesma rua para o Largo do Colégio 2
Travessa de S. Thareza 3
Ponte do Carmo 4
Rua do Cemiterio 16
Travessa do Cemiterio 2
Rua do Rego 42
Travessa do Collegio 10
segue a rua para o Largo 1
Rua da Sé para S. Thareza 11
Largo da Sé 11
Travessa da Fundição 4
Rua do Pombal 6
Travessa do Pombal 8
Rua de Lorena 8
Rua da Bica 14
para a Freguasia de S. Efigenia 7
Largo do Bexiga 12
Rua do Piques 92
Rua da Caxoeira 25
Rua de S. João 12
Rua do Hospital 04
Rua do Guaiu 24
Rua do Tanque 9
Rua de S. Efigenia 32
Travessa de S. Efigenia 8
Rua da Luz 13

A quantidade de propriedades era de 1.288, em 56 ruas, sob as mais variadas denominações, e o lançamento foi nos dias 10, 11, 15, 16 e 18 de novembro; 6, 7, 9, 15, 16, 18, 23 e 27 de dezembro.

O menor valor lançado foi de $010, dez réis, e o maior valor foi de 8$673, oito mil e seiscentos e setenta e três réis. Do total das propriedades lançadas cerca de 107 foram consideradas "sem valor", não sendo taxadas. O valor médio das propriedades pode ser calculado em 11$026, isto é, onze mil e vinte e seis réis, permitindo perceber o complexo tecido social das diversas camadas existentes na cidade.

Pela leitura do manuscrito se pode pensar em estruturar níveis de riqueza pelo valor das propriedades, arrolar os proprietários e suas propriedades, relacionar as profissões existentes, mesmo as relações de parentesco e familiares, mas tal não é o intuito deste trabalho.

No folhear do manuscrito foi possível perceber que havia alguns grandes proprietários, quer no valor e quer em quantidade de propriedades, mas que havia também proprietários de residências de valor mínimo, além de aparecerem claramente os bens de mão-morta, como os dos Conventos do Carmo e São Bento, e das várias irmandades existentes na cidade.

Mas o que era física e espacialmente a cidade de São Paulo na primeira década do oitocentos?

John Mawe que esteve aqui no mesmo ano e escreveu sobre o que havia visto, deixou poucas informações sobre ela:

> Ao entrar na cidade, embora esperássemos muito, por tratar-se da capital do distrito, residência do governador, ainda assim ficamos surpreendidos com o aspecto das casas, estucadas em várias cores; as das ruas principais possuíam de dois a três andares.

> São Paulo, situada em um agradável planalto, com cerca de duas milhas de extensão, e banhada, na base, por dois riachos, que, na estação das chuvas, quase a transformam em ilha; ligando-se ao planalto por um caminho estreito. Os riachos desembocam em largo e belo rio, o Tietê, que atravessa a cidade, numa milha de extensão, tomando a direção sudoeste. Sobre ele existem várias pontes, algumas de pedra, outras

de madeira, construídas pelo último governador. As ruas de São Paulo, devido "sua altitude... e á água, gue quase a circunda, são, em geral, extraordinariamente limpas;...

Aqui existem numerosas praças e cerca de treze lugares de devoção, principalmente dois conventos, três mosteiros e oito igrejas...

A população atinge a quinze mil almas: talvez aproximadamente vinte mil;..."[23]

Para localizar as ruas foram consultadas: Maria Vicentina do Amaral Dick, *A dinâmica dos nomes na toponímia da cidade*,[24] Afonso de Freitas, *Tradições e reminiscências paulistanas*,[25] e Paulo Cursino de Moura, *São Paulo de outrora*.[26]

Várias delas mantiveram a mesma denominação e outras tiveram alteração como: rua do Comércio, Alvares Penteado; do Rosário a Boa Vista, XV de Novembro; travessa do Bexiga, rua Riachuelo; travessa das Cazinhas, rua Barão de Paranapiacaba; beco do Barbas, travessa Porto Geral; beco de Rosário, Antônio Prado; travessa da Lapa, Dr. Miguel Couto; S. José, Libero Badaró etc.

Acompanhando a seqüência das ruas fica visível a área urbana concentrada no denominado "centro velho".

No mapa 02 (final deste capítulo) da obra *São Paulo antigo. Plantas da cidade*, cuja base é o mapa de 1855, estão assinaladas as ruas da Décima Urbana conforme os dados localizados.

---

[23] John Mawe. *Viagens ao interior do Brasil*. São Paulo: Edusp/Belo Horizonte: Itatiaia, 1978.

[24] Ver Maria Vicentina do Amaral Dick. *A dinâmica dos nomes na toponímia da cidade de São Paulo 1554-1897*. Tese de Livre Docência, FFLCH/USP. São Paulo, 1988.

[25] Ver Afonso de Freitas. *Tradições e reminiscências paulistanas*. São Paulo: Governo do Estado, 1978.

[26] Ver Paulo Cursino de Moura. *São Paulo de outrora*. (Evocações da metrópole). Belo Horizonte: Itatiaia; São Paulo: Edusp, 1980.

Pelos levantamentos demográficos no estudo de Maria Luiza Marcílio, *A cidade de São Paulo...*, até 21 de abril de 1809 havia apenas uma freguesia na cidade, a da Sé, quando então foi desmembrada a paróquia de Santa Efigênia, e, separando os dados para a área central, a população deveria estar em 10 mil pessoas.[27]

Partindo do número de propriedades arroladas em 1809, pode-se calcular média de seis habitantes em cada uma, o que leva a cerca de 8 mil pessoas morando na área central da cidade de São Paulo, na freguesia da Sé e Santa Efigênia.

A documentação referente à Décima Urbana dos prédios da cidade de São Paulo não foi explorada pelos autores que escreveram sobre a cidade no século XIX.

O material que deveria existir em continuidade não foi localizado. A documentação referente a esse imposto reaparece apenas em meados do século, na década de 1840. O que terá acontecido com os documentos que deveriam estar guardados? Teriam sido extraviados? Teriam sido perdidos, destruídos?

A documentação referente ao governo de Antonio Jose da Franca e Horta estava ainda em fase de publicação e os últimos volumes editados não abrangem a época do "livro" em questão.[28]

O material relacionado com a Décima Urbana só aparece coletado nos livros e manuscritos contidos nas latas denominadas Barreiras – Capital, Tempo Imperial. Material este formado por fólios manuscritos soltos, pertencentes à Coletoria, que parecem folhas de rascunhos e de cálculos isolados, e livros, igualmente manuscritos, destinados ao relacionamento de impostos provinciais.[29]

---

[27] Ver Maria Luiza Marcílio. *A cidade de São Paulo. Povoamento e população 1750-1850* com base nos registros paroquiais e nos recenseamentos antigos. São Paulo: Pioneira/Edusp, 1974, p. 39 e 102-103.

[28] Ver *Documentos interessantes para a história e costumes de São Paulo*, 94 e 95 – Ofícios do General Horta aos Vice-reis e Ministros, 1902-1807. São Paulo: Ed. Unesp/Arquivo do Estado, 1990.

[29] Tempo Imperial Livro de Barreiras – Capital – 1833-1874; Freguesia Capital – 1848-1869; 1849-1875, n. ordem 2074; 2075; 2076; 2078; 2127; 2128 e 2129. Documentação

Só foram localizados os dados referentes ao lançamento e arrecadação da Décima dos prédios alugados dos conventos de frades a partir de 1841, na qual se incluiu a dívida ativa dos anos de 1833-1834 em diante, paga em parcelas semestrais ou anuais até o exercício 1848-1849.

Aparecem arrolados por ruas, entre 22 e 23, variando de ano a ano, sendo que o Convento do Carmo possuía entre 30 e 35 propriedades, o Convento de São Bento entre 58 e 69. A variação anual corresponde à maior clareza na declaração dos bens de outras corporações, tais como os conventos de Itu, Sorocaba e Parnaíba, que às vezes podem ter sido atribuídos aos da cidade, visto que esses bens variavam entre três e 11.

A diferença existente entre o valor lançado e o valor arrecadado explica-se pela parcela devida ao arrecadador.

A variação do valor anual ou semestral lançado pode ser atribuída à variação das alíquotas, das quantidades e valores.

De qualquer maneira, mesmo com a documentação fragmentada e fragmentária, interrompida e difícil de ser manuseada, é possível verificar que o valor das propriedades aumentou entre 1833-1834 e 1860-1861.

No primeiro exercício anotado, 1841-1842, que incluiu a dívida ativa dos anos de 1833-1834; 1834-1835; 1835-1836; 1836-1837; 1837-1838; 1838-1839; 1839-1840 e, 1840-1841, o total do valor calculado atingiu 4:182$659, quatro contos e cento e oitenta e dois mil e seiscentos e cinqüenta e nove réis. No exercício seguinte, 1841-1842, o total foi de 1:107$948, um conto e cento e sete mil e novecentos e quarenta e oito réis.

Entre os anos de 1841-1843 até 1855-1856 devem ter ocorrido algumas variações de alíquota, pelos lançamentos: 1842-1843 teve o valor de 262$606, duzentos e sessenta e dois mil e seiscentos e seis réis; que em 1850-1851 passou a 610$968, seiscentos e dez mil e novecentos e sessenta e oito réis; em 1854-1855 o valor lançado foi de 760$344,

---

Histórica – DAESP. Existem e não foram consultados os documentos em Barreiras – 1826-1892, n. ordem 1702 a 2131, com 430 latas, sem identificação de conteúdo e local.

setecentos e sessenta mil e trezentos e trinta e quatro réis, retornando em 1856-1657 a um padrão que pode-se considerar histórico, 1:170$432, um conto e cento e setenta mil e quatrocentos e trinta e dois réis, próximo ao do décimo quinto exercício anterior.

Nos anos seguintes ocorreu aumento paulatino no valor lançado anual, de modo que entre 1857-1858, obteve-se o valor de 1:214$832, um conto duzentos e catorze mil e oitocentos e trinta e dois réis, e em 1860-1861 encontram-se 1:454$352, um conto quatrocentos e cinqüenta e quatro mil e trezentos e cinqüenta e dois réis.

As ruas citadas, que se mantiveram constantes na documentação, e nas quais se localizavam os bens arrolados eram:

> Rua do Quartel; Rua do Carmo; Rua do Tabatinguera; Rua do Fonseca; Rua do Freire; Rua das Flores; Rua da Esperança; Rua do Imperador; Largo de S. Gonçalo; Rua do Jogo da Bola; Rua Direita; Travessa do Comercio; Cazinhas; Rua da Boa Vista; Porto de S.Bento; Rua da Constituição; Rua Alegre; Rua de S. Bento; Travessa da Boa Vista; Rua do Piques; Rua de S. José e Rua de Santa Efigenia.[30]

O mapa 03 (final deste capítulo), datado dos anos 1860, permite a visualização da área ocupada do núcleo urbano. Nele já aparecem as linhas direcionais do crescimento posterior e a relação das estradas de ferro com o processo de ocupação das novas regiões da cidade, conforme a bibliografia histórica pertinente ao período.

Entretanto, deve-se destacar que quando a área da Décima Urbana foi definida como a área propriamente urbana, pois o restante deveria ser registrado, e a finalidade do registro, conforme os textos coevos, era regulamentar a situação da "terra de lavoura e de criação", por um artifício legal, a normatização imperial oitocentista ignorou e desprezou as antigas demarcações existentes, a do rossio e a do termo, embora

---

[30] Os dados até aqui arrolados foram obtidos dispersos nas sete latas que contêm documentos de Barreiras-Capital e Barreiras-Freguesia Capital, anotados e colocados em ordem cronológica.

mantivesse cuidadosamente os direitos de aforamento, enfiteuse, terras de uso comum, os bens públicos para o desenvolvimento das povoações, e definisse a terra devoluta.

Mas quais eram as demarcações de terreno urbano que existiam? Como haviam sido realizadas e qual era sua abrangência? Que leis as definiam e as defendiam da apropriação ilegal?

Persistência dos costumes

A Lei de Terras e a vasta regulamentação que a acompanha, esclarecendo os limites de aplicação e as dúvidas dos presidentes de província, câmaras municipais e oficiais, permitiu perceber que seu objetivo principal era a propriedade territorial rural, mas que também atingiu a terra urbana.

A área urbana ficou liberada do registro, mas não em sua totalidade imemorial. Apenas uma pequena parcela das terras incluídas no domínio camerário legal, termo e rossio, ficou isenta do registro. Essa área pode ser considerada, sob a nomenclatura que hoje é usual, a do perímetro urbano, na qual ocorre a concentração de habitantes. Na prática, a não exigência de registro poderia ser lida como uma proteção perante o mercado. Contudo, deve ser lembrado que as terras e propriedades urbanas eram compradas e vendidas desde o século XVI, podendo ser negociadas livremente.

Por outro lado, a Lei de Terras e seus regulamentos, nos anos de 1850 a 1855, não revogaram as demarcações coloniais, delimitações originárias dos forais dos donatários ou doações dos governadores gerais. A legislação imperial reforçou mesmo as definições anteriores, reiterando-as, como no caso dos terrenos das povoações novas, para doação aos moradores, nos aforamentos, nos aluguéis dos bens e nas "'terras de uso comum".

As Câmaras Municipais, apesar de terem sido, em 1828, transformadas em corpos administrativos de poder restrito, continuaram detendo os direitos seculares referentes aos terrenos denominados do Concelho, que era para aforamentos, arrendamentos, aluguéis de bens, venda e troca. Bens dos quais deveriam sair os rendimentos para as melhorias urbanas e pagamento de custos administrativos.

Provavelmente as terras urbanas, as de domínio camerário mais imediato, pela própria situação e proximidade dos núcleos urbanos, passaram a ser alvos de cobiça, com os direitos de propriedade da Câmara sendo fraudados e continuamente contestados.

Só esse tipo de situação explica a preocupação de João Mendes de Almeida Junior, no final do século XIX, alertando que continuava em vigor o termo e o perímetro do rossio.[31]

No caso específico da cidade de São Paulo, continuou havendo concessão graciosa de terrenos urbanos, "chãos de terras" ou "datas de terra" até 1863, segundo a documentação editada.[32]

No *Regimento da secretaria da Camara...*, datado dos anos 1880, entre as tarefas do secretário constava, no art. 3º, item VIII: "Passar cartas de datas, aforamentos e adjudicações de terrenos municipais...", e no X: "Registrar em livros próprios a correspondência entre a Camara e o Presidente da provincia e outras autoridades, os titulos de domínio ou posse, as cartas de datas, aforamentos e adjudicação".[33]

O autor citado indicou legislação que até o início dos anos 1880 permitia aforamentos, vendas e alienação gratuita.

Mesmo no período republicano, a Prefeitura, como herdeira dos bens da Câmara, recebia como "Renda do Patrimonio: Fóros e respectivas multas...; Laudemios por transferencias e remissões...; Pensões de

---

[31] João Mendes de Almeida Junior. *Monografia do município da cidade de São Paulo*. São Paulo: Typ. Jorge Seckler, 1882.

[32] *Cartas de datas de terra*, 1555-1863, public. da subdivisão de documentação histórica. São Paulo: Departamento de Cultura/Divisão de Documentação Histórica e Social/ Prefeitura do Município de São Paulo, 1937-1940. 20 v.

[33] *Regimento da secretaria da Camara Municipal da Imperial cidade de São Paulo*. São Paulo: Typ. de Jorge Seckler, 1881. (Autoria provável de João Mendes de Almeida Junior).

arrendamento de terrenos...; Alugueis de próprios municipaes...; Emolumentos de contractos emphyteuticos...".[34]

Percorrendo o texto das *Cartas de datas de terra*, encontram-se, além das solicitações e concessões de terrenos, variadas referências ao rossio.

A área do rossio devia ser extremamente atraente pela proximidade ao núcleo urbano da cidade. Numerosas vezes há reclamações sobre apropriações indevidas em seus terrenos: ora as passagens e caminhos são vedados, ora muros ou construções são erguidos. Anualmente, em alguma parte integrante do espaço total, dele estava havendo algum ato que ameaçava sua integridade e a autoridade camerária, pelo menos no período imperial de meados do oitocentos para frente.

Indico apenas alguns exemplos, dentre os vários possíveis.

Em 20 de agosto de 1863 algumas pessoas estavam fechando terrenos nas estradas da Penha, Santo Amaro e Barra Funda, que eram parte do rossio.[35]

Em 25 de maio de 1861 habitantes solicitavam na área do rossio a abertura de uma rua que, da rua da Santa Casa pelos quintais de S. Francisco, ia até o bairro do Bexiga.[36]

Em 3 de dezembro de 1860 reclamava-se na Câmara da construção de prédios do Tanque do Arouche, o que não havia sido autorizado.[37]

Deve-se destacar que os exemplos citados são apenas indicativos de um processo de valorização das terras que deve ter tido início no período anterior.

Nos volumes finais da documentação sobre "dadas de chão" a Câmara parece ter sido generosa nas concessões, mas tal fato não passava desapercebido e sem críticas.

---

[34] Relatório da Directoria do patrimonio, Estatistica e Archivo. In: *Relatório de 1916 apresentado a Camara Municipal de São Paulo pelo prefeito Washington Luís Pereira de Souza*. São Paulo: Casa Vanorden, 1918. 2 v. Ver v. 1, p. 179.

[35] *Cartas...*, op. cit., n. 261, 20 ago. 1863, v. 20, p. 240.

[36] Idem, ibidem, n. 38, 25 maio 1861, v. 20, p. 40.

[37] Idem, ibidem, n. 309, 3 dez. 1860, v. 19, p. 181.

O processo de mercantilização dos terrenos da cidade aparece na sessão extraordinária de 25 de janeiro de 1860, quando o vereador Leandro de Toledo, membro da Comissão Permanente, sempre solícita na concessão de terrenos, propôs à Câmara a demarcação das datas concedidas para os proprietários as poderem cercar, com a finalidade de não permitir a perda das concessões feitas.

Na discussão seqüente o vereador Quartim chamou a atenção dos edis para o processo de especulação:

(...) fes ver q. esta Cama. devia ter em vista as pessoas a quem concedia datas, pois q. muitos espiculadores tinhão pedido datas, e obtido pa. vender a outros pr. baixo preço, outros pedião em nome de diverças pessoas e asim comseguião um tão grande numero de datas que podião formar uma fasenda que alguns senrs. veriadores mmo. tinhão conseguido algumas datas, e elle ainda não tinha pedido uma só com quanto percizasse pr. que tinha filhos, e q. à pessoas que ja conseguirão athe 32 datas que estes terrenos com quanto hoje não tenha mto. valor contudo daqui algum tempo podem emportar em muito dro. podendo custarem em 1:000$000, e mais cada uma destes datas e que asim devião se conceder aos nossos patricios mais necessitados mmo. a outras pessoas mais nunca a capitalistas e proprietarios.[38]

A Câmara Municipal da cidade de São Paulo, apesar das transformações ocorridas no período imperial em seus poderes e funções, considerava-se herdeira da Câmara colonial, quando era necessário defender os direitos aos bens do Concelho.

A regulamentação da Lei de Terras, embora detalhada e minuciosa, parece não ter solucionado todas as dúvidas possíveis, e no emaranhado legal de avisos e circulares abriu campo para infindáveis polêmicas e questionamento de direitos.

---

[38] Idem, ibidem, n. 71, 25 jan. 1860, v. 19, p. 51-52.

Entre os anos de 1854 e 1859 a legalidade dos direitos da Câmara de conceder datas foi colocada em dúvida pelo então Presidente da Província José Joaquim Fernandes Torres.

A argumentação para defender a continuidade do direito de concessão de datas de terra por um lado incluía uma cópia do documento de doação de Martim Afonso de Sousa, no qual constava que o território fora dado para a vila com a finalidade expressa de ser repartido graciosamente pelo povo, e, por outro, declarava que só estavam proibidas de doar terras as câmaras que não tinham o direito desde sua fundação, o que não era o caso da de São Paulo.

Ao reclamar da interdição do uso desse direito desde 1854, declarava o ofício dos vereadores que: "... tem sido prejudicalissimo ao progresso e engrandecimento da cidade".[39]

Não só recorreu ao direito colonial como também, na mesma seqüência, solicitou a ampliação da área da doação para uma légua em torno da cidade, com o ponto inicial na Sé, para atender pedidos futuros, pois: "como... devem comessar os trabalhos da estrada de ferro... urge ceder ao povo os terrenos que reclama para edificações, afim de q. a afluencia repentina de grande numero de individuos não se torne por demais vexatoria".[40]

Pelo texto do documento, verifica-se que o espaço reconhecido pela Câmara como sendo de sua posse e uso corresponde ao rossio. Entretanto, a área que considerava de seu domínio não fora obtida na doação de Martim Afonso de Sousa para a vila.

O presidente da província concedeu, em janeiro de 1859, o que a Câmara solicitava como manutenção de seus direitos, e remeteu a solicitação de ampliação ao Governo Imperial.[41]

De alguma forma a solicitação foi atendida, pois o patrimônio das municipalidades, com direitos a cobrança de foros, foi aumentado em

---

[39] Idem, ibidem, n. 275, 27 set. 1860, v. 19, p. 146-148
[40] Idem, ibidem, n. 275, 27 set. 1860, v. 19, p. 148-149.
[41] Idem, ibidem.

1875, quando a Lei n. 2.672 de 20 de outubro tornou parte delas as terras das aldeias extintas, que no caso de São Paulo significava a inclusão das antigas aldeias de S. Miguel e de Pinheiros, cada qual com suas seis léguas de terras em torno, ou, pelo menos, das que não tivessem sido distribuídas em sesmarias, aforadas ou apossadas.[42]

A questão do rossio e do termo é complexa, o que levou à separação de cada um deles para estudo mais detalhado.

O rossio

Ao contrário do que supunham os vereadores oitocentistas da cidade imperial, a área do domínio camerário, tal como a conheciam, tivera sua demarcação no século XVIII apenas.

A área do rossio foi citada por João Mendes de Almeida Junior, que reproduziu a documentação referente a ele, anotada dos arquivos municipais.[43]

No início do período republicano, no *Relatório de 1916...*, foram publicados novamente os dados constantes das concessões, como parte do arrolamento dos bens imóveis patrimoniais do município.[44]

A carta de doação do rossio, concedida no governo de Rodrigo César de Meneses, após a restauração da Capitania, tem como ementa

> Registro da Carta de Data de Sesmaria que Sua Exa. foi Servido fazer mercê de Conceder em nome de Sua Magestade que Deos guarde aos officiais do Senado da Camara desta Cidade meia Legoa de terra e meia da façe para Rocio da dita Camera tudo com as clausullas, e condições que nella Se declarão.[45]

---

[42] Ver *Relatório de 1916...*, op. cit., v. 1. p. XXXVII.

[43] João Mendes de Almeida Junior, op. cit., p. 32-34.

[44] Ver *Relatório de 1916...*, op. cit., esp. v. 1, p. XXXII a XXXIX.

[45] *Cartas...*, idem, ibidem, Ano de 1724, n. 41, 25 mar. 1724, v. 4, p. 127-131.

O texto da concessão se refere, de início, ao pedido dos oficiais, de 24 de abril de 1723, de doação de rossio, preservando os direitos dos moradores que porventura estivessem estabelecidos na área, sob condição de não ampliar seus estabelecimentos, com o arrazoado de que tivera a Câmara o rossio em meia légua por posse imemorial, de mais de cem anos, e desejavam eles a restituição do que haviam perdido no tempo do desembargador Antonio Luís Peleja. Após a manifestação do desembargador e ouvidor geral Manuel de Melo Godinho Manso, o qual atribuiu ao descuido e pouco zelo dos oficiais antecessores a perda do que teria tido por rossio. A concessão foi feita nos termos legais vigentes, com exigência de medida e demarcação sob pena de anulação, preservando os direitos reais, os caminhos e servidões etc.

A carta de doação é datada de 25 de março de 1724, antecedida do parecer do Procurador da Coroa e Fazenda Real, favorável à concessão.

Apesar da solicitação dos oficiais da Câmara buscando recuperar a área do rossio como bem do Concelho, a medição foi concretizada muitos anos depois.

Só em 30 de julho de 1769 é que se localiza o "Registro de huma ordem que o Illmo. e Exmo. Snr. Gnal. desta Capitania escreveo a esta Camera a Serca de se medir mea Legoa de terra para Cada Lado para Rocio desta Cidade, fazendo pião nesta mesma Cidade como abaixo Se declara &a".[46]

Trabalharam na medição João da Silva Machado, escrivão da Câmara, Domingos de Cubas, alcaide, e Antonio de Silva Lopes, arruador e medidor do Concelho.[47]

A descrição da área abrangida pelo rossio é a que segue:

(...) para a parte da Capella e Bairro de Nossa Senhora da Penha se medio mea Legoa ... athe o alto da Chacra do defunto Manoel Luiz Costa em huma chapadinha ao pe do mato escuro em que Se fez hum Sinal para Se

---

[46] *Carta...*, idem, ibidem, n. 21, 30 jul. 1769, v. 5, p. 53-54.
[47] *Cartas...*, idem, ibidem, n. 22, 30 jul. 1769, v. 5, p. 54-56.

asentar padrão e para a parte da Capella de Nossa Senhora da Lus e Bairro de Santa Ana Se medio outra mea Legoa... adiante da ponte grande do Ryo thiete no aterro que vay para Santa Anna adonde Se poz Sinal para tambem Se aSentar padram e para a parte do aniceto e Aldea dos pinheiros Se medio outra mea Legoa... no alto da emcruzilhada desendo para o Citio de Margaride de Oliveira adonde ficou e Se aSentou Sinal para Se aSentar o padram e para a parte do Caminho da villa de Santos Se medio outra mea Legoe... athe o Citio de Joze da Silva Brito Junto ao Corrigo chamado o pi ranga adonde da mesma forma ficou hum Sinal para Se aSentar padram; e todo o Roçio aSim declarado foy medido...[48]

Só após a demarcação do rossio a Câmara tentou, através de edital, controlar o uso das datas de terras, exigindo que em seis meses se construísse no local, proibindo a venda de datas e declarando que ninguém poderia usar mais terra do que necessitasse.[49]

Os dizeres do edital indicam que o sistema de obtenção de datas de terra para uso conforme as necessidades estava em processo de destruição, substituído pelo apossamento ou por um incipiente mercado imobiliário.

Percorrendo a documentação do governador e capitão-general Luís Antonio de Sousa Morgado de Mateus, editada nos *Documentos interessantes...*, percebe-se claramente que no esforço administrativo de criação de novas povoações e vilas ocorreu a fórmula constante de criação do termo, demarcação do rossio e elevação de freguesias.[50]

Os esforços da Câmara da cidade de São Paulo, de tentar delimitar seus bens e organizar a exploração, podem ser considerados como parte do processo de fortalecimento administrativo e militar da Capitania,

---

[48] Idem, ibidem.
[49] *Cartas...*, idem, ibidem, n. 28, 13 abr. 1771, v. 5, p. 73-74.
[50] Ver *Documentos interessantes...*, op. cit.

que vinha desde sua restauração em 1765, sob o governo do Morgado de Mateus.[51]

A Câmara declarara que havia perdido o direito de aforamento no rossio, na passagem do século XVII para o XVIII.

Não há documentos da Câmara que comprovem tal afirmação, pois dos anos de 1690 a 1720 restaram esparsos e fragmentados textos, que tanto podem indicar a fragilidade do núcleo urbano paulistano diante das descobertas nas áreas de mineração, como a perda do material.

Na documentação do arquivo do Conselho Ultramarino consta que a vila recebeu o desembargador e ouvidor geral Antônio Luís de Peleja, nomeado ao serviço desde 1699, recebendo regimento em 1700. Do mesmo ano são as queixas dos oficiais da Câmara contra ele, e o motivo da reclamação era o rossio.

No ponto de vista do ouvidor, as alegações dos oficiais da Câmara de que tinham posse imemorial e direito de aforar terras em meia légua em torno da vila, terras do Conselho ou rossio da vila, eram falsas, pois a vila fora erigida sem provisão régia, e portanto a apropriação era indevida, havendo terras com donos na área antes de existir a vila.[52]

A disputa começou em 1699, logo após a posse do funcionário metropolitano, e os documentos enviados ao Conselho Ultramarino datam de 1704 a 1707. Não há registro de decisão régia. Em 1710, São Paulo estava sem ouvidor.

A atuação do ouvidor Antonio Luís de Peleja pode ser atribuída ao mesmo processo que acabou levando à extinção da Capitania em 1748: além do decréscimo populacional, da atração pela região mineradora,

---

[51] Ver Heloisa Liberalli Bellotto. *Autoridade e conflito no Brasil colonial: o governo do Morgado de Mateus em São Paulo (1765-1775)*. São Paulo: Secretaria de Estado da Cultura/Conselho Estadual de Artes e Ciências Humanas, 1979.

[52] Ver *Catálogo de documentos sobre a história de São Paulo* existentes no Arquivo Histórico Ultramarino, de Lisboa. Elaborado por ordem do governo português e publicado pela *Revista do Instituto Histórico e Geográfico Brasileiro* em comemoração ao IV Centenário da Fundação de São Paulo. Rio de Janeiro: Departamento de Imprensa Nacional, 1956. 15 V. Ver v. 1, p. 57, 76, 80, 87 e 90.

estava, pelo menos aparentemente, em constantes lutas político-criminais, tais como as que ocorreram entre as famílias Pires e Camargos, e, com o poder real, rejeitando as tentativas régias de conceder perdão aos moradores, desde que aceitassem o retorno dos padres jesuítas.

Por outro lado, é necessário levar em consideração a emissão da provisão de D. Pedro II, datada de Lisboa, 1704, a qual exigiu a apresentação das cartas de confirmação das sesmarias em seis meses, sob pena da perda do bem, além da medição e limitação delas a três léguas. Cabia expressamente ao ouvidor fazer a correição na comarca sob sua responsabilidade e examinar todos os documentos dos possuidores de terras.[53]

Muitos vereadores e moradores não estavam mais na vila e realmente a Câmara pode ter sido penalizado por não apresentar a documentação necessária.

Entretanto, nos anos seguintes continuou doando datas de terra dos bens do Concelho.[54]

E estava agindo de modo perfeitamente legal, pois de fato tinha a carta de doação do território e o demarcara no século XVI.

Na documentação pertinente é localizável o "Registo do autoamento da carta da Camara do rocio desta villa e demarcação", datado de 1598, e que foi copiado nos livros em 1631.[55]

A doação de terras para datas de casas e quintais e rossio do concelho foi realizada pelo loco-tenente de Martim Afonso de Sousa, Pero Colaço, em resposta aos oficiais da Câmara, que alegavam delas ter necessidade e pediram a área de cinco tiros de besta ao redor da vila.[56]

Na doação, a área concedida o foi da seguinte maneira:

> para rocio desta dita villa para casas e para gado e para tudo aquillo que o povo tiver necessidade das quaes terras elles ditos officiaes as darão de sua mão

---

[53] Idem, ibidem, p. 83-84.

[54] Ver *Cartas de datas...*, op. cit., v. 4.

[55] *Cartas...*, idem, ibidem, Ano de 1598, 31, 28 fev. 1598, p. 79-81.

[56] Idem, ibidem.

para o que lhe bem parecer... as quaes... partirão pelo rio de Tamanduatey até a ponte que serve para [...] e dahi partirá com a terra de [...] João Nunes e dahi irá cortando a terra de Jorge Moreira e dahi irá [...] de Francisco Pires cortando direito por uma roça de Diogo Vaz Riscado aos Pinheiros aonde Simão Jorge tem um pouco de milho pela banda debaixo e dahi irá cortando a uma roça de Jorge Moreira e dahi cortará a dar no rio grande...[57]

O auto de posse descreve o espaço doado de outra forma:

em o caminho de Virapoeira em um alto avante da casa de Maria Rodrigues... metteram um marco de pedra... e disseram que deste marco ia cortando a dita partilha direito a um regato que está caminho do Ypiranga o primeiro que se passa e pelo ribeiro ia ao Rio Grande Tamandoatey para a ponte grande e assim outrosim ia cortando direito as terras da Jorge Moreira e dahi depois ia cortando direito ao caminho que vem de Pinheiros até dar na tapera de Francisco Pires.... e da dita tapera irá partindo pelo regato que está além de uma tapera que foi de João Soares e por elle abaixou até os Pinheiros e dá no rio grande pelo mesmo ribeiro abaixo e pelo [...] até dar na barra do Tamandoatey e por elle arriba até dar outra vez na ponte grande donde primeiro começou...[58]

Portanto, a vila tinha território para doação de datas de terra e para o rossio, delimitado e marcado precariamente, mas separado do termo.

Teriam os vereadores esquecido ou se desinteressado da manutenção dos bens do Concelho?

Teriam os moradores deixado de pagar os foros? Ou abandonado suas propriedades e ido todos para as regiões de mineração?

A parca documentação existente a partir de 1690 até o governo de Rodrigo Cesar de Meneses é muito pouco informativa, não permitindo maiores ilações.

---

[57] Idem, ibidem.
[58] Idem, ibidem.

De fato a vila não possuía a provisão régia, pois era uma vila por transferência. Entretanto, tinha a doação de uma sesmaria para ser bem do Concelho, datada de 1598 e novamente copiada em 1631.

Ao lado do território definido como bem do Concelho, tinha a vila o termo de seis léguas, obtido em 1660, após a disputa de jurisdição com a vila de Parnaíba.[59]

A delimitação do rossio do século XVIII, bastante próximo em marcos geográficos à realizada no século XVI, deixou marca no tecido urbano paulistano, pois ainda no começo do século XX era comum a referência ao Marco, na região além-Tamanduateí, na área do Brás, no que hoje deve corresponder ao Belenzinho.[60]

Até o final do século XIX e mesmo início do XX, a área urbana da cidade estava contida nos limites do rossio, isto é, entre os rios Tamanduateí, Tietê e Pinheiros, passando pelo ribeirão do Ipiranga.

Chamo a atenção para o fato de a palavra rossio ter tido seu sentido alterado. Era originalmente a área destinada ao uso comum, e só podia ser doada para moradia ou aforada, pois era parte integrante dos bens de Concelho. No decorrer dos séculos, de "terras de uso comum", rossio, se transformou na área de controle direto da Câmara, como se fosse o termo, como aparece nos textos dos anos seiscentos: "... todos os assistentes desta villa de São Paulo e dos moradores do rocio della...".[61]

---

[59] João Mendes de Almeida Junior, op. cit.', p. 29.

[60] Ver *Relatório de 1916...*, idem, ibidem, p. XXXVI e Margarida Maria de Andrade. *Bairros além-Tamanduatei: o imigrante e a fábrica no Brás, Mooca e Belenzinho*. Tese de Doutorado em Geografia, FFLCH/USP, 1991, p. 27 e 29.

[61] *Registo da provisão... Registo Geral da Câmara de São Paulo, 1661-1709*. São Paulo: Arquivo Municipal, 1917, p. 491

O termo

Enquanto a cidade e a vila de São Paulo modorravam seus longos anos, uma demarcação primordial continuou sendo válida, mesmo que aparentemente esquecida, a do termo.

João Mendes de Almeida Junior chama a atenção para o fato de o termo da vila ter sido legalmente assinalado em 1660, quando da disputa sobre limites com a vila de Parnaíba.

Cita ele o foral de 18 de março de 1660, pelo qual cada uma das vilas disputantes teria seis léguas em todas as partes, foral este inscrito no livro de registro geral do Arquivo Municipal, anos 1746-1752. fl. 253v, no qual consta: "os officiaes do senado da camara de São Paulo "estavão de posse real e actual, civil e natural desse sitio, pedião que se respeitasse a antiga posse que elles Supplicantes tinhão, e exigião ainda que os moradores de Parnahyba não passassem do dito sitio para cá".[62]

Segundo ele, os livros de registro do Arquivo Municipal indicam que desde 1606 até 1660 os oficiais da Câmara aforavam terrenos e sítios nos limites da vila, mesmo que não tivessem estes sido claramente delimitados.

A indicação de que o termo não havia caído em desuso, nem sido alterado por alguma aparece no *Relatório de 1916...*, quando declara o então prefeito:

> Determinei que fossem inscriptas tres especies de concessões que a S. Paulo se tem atribuido a propriedade de terras, e que são as seguintes, em ordem chronologica:
> 1 – Concessão feita em nome de Martim Afonso de Souza, donatario da capitania de S.Vicente, em que estava o termo da villa de S. Paulo, pelo Capitão Pero Colaço, pelos annos de 1563(?).[63]

---

[62] João Mendes de Almeida Junior, op. cit., p. 29.
[63] *Relatório de 1916...*, op. cit., p. XXXIV.

Segundo o autor do texto, provavelmente o próprio Washington Luís, a carta de doação de terras para rossio, casas, gado e todas as necessidades do povo foi registrada em fevereiro de 1598, no livro de vereações n. 60, pelo fato de o original já estar em mau estado. Constavam do texto as divisas e os oficiais que fizeram a demarcação, cravando alguns marcos.

A área delimitada, em seu entender, corresponderia pelos pontos geográficos indicados, a:

> (...) estrada de Santo Amaro (Ebirapoera), em direção a um regato no caminho do Ipiranga, o primeiro que se passa, por esse regato ao Tamanduatehy, por este ao Tietê, por este ao Rio Grande de Pinheiros, e por este acima e por um de seus afluentes, o que estava na tapera que foi de João Soares acima, a seguir até ao ponto de partida.[64]

E indicam ambos os autores acima que a Câmara concedeu datas de terra, presumivelmente no termo, até 1699, quando perdeu esse direito, só retomado após 1724.

Entretanto, quando Afonso d'Escragnolle Taunay tratou do mesmo material, identificou uma área semelhante à descrição anterior, que teria sido a área do termo, como a do rossio: "... empenhou-se, a Camara, sobremaneira, para que lhe fosse demarcado o rocio e esta aspiração se realizou no triennio de Pedro Colaço, loco-tenente do donatario Martim Affonso de Sousa (1571-1573)".

Attendendo a uma petição dos officiaes da villa, doou-lhe terras "para dadas, para casas e quintaes, o rocio do concelho, e para tudo aquillo de que o povo tivesse necessidade". Pediram os vereadores que o raio da concessão fosse "de cinco tiros de besta, ao derredor da villa".[65]

Segundo o autor, o emprego, usual na época do documento, de identificação de espaço com base em pessoas que por ali viviam, pes-

---

[64] Idem, ibidem, p. XXXV.
[65] Affonso d'Escragnolle Taunay. *São Paulo nos primeiros annos (1554-1601)*. Ensaio de reconstituição social. Tours: Imprenta de E. Arrault et Cia, 1920, cap. XV, p. 97-113.

soas naturais, tornava extremamente vaga a possibilidade de retraçar completamente o espaço, que deveria estar contido, grosso modo, entre o Tamanduateí, o Pinheiros e o Tietê.

Edmundo Zenha, citando Taunay, afirma que o ouvidor Pedro Mustre de Portugal (sic) dera à vila de São Paulo um termo igual ao de Salvador, e a documentação histórica paulistana confirma essa informação.[66]

No Registo geral da Câmara há um traslado sem título de uma carta de diligência do ouvidor Pedro de Mustre Portugal, de 1660, na qual há o despacho sobre a disputa entre os oficiais das Câmaras de São Paulo e de Parnaíba pela área do termo.[67]

A vila de São Paulo, por ser a mais antiga recebeu seis léguas para todas as partes.

Os oficiais da vila de Parnaíba foram proibidos de entrar no termo da vila paulistana.

O auto de medição dos limites dos termos está na seqüência, e indica como marco uma pedra que serviu para o cálculo. A imprecisão da descrição é notável a partir do

> sitio velho; do capitão; Saavedra digo João Fernandes Saavedra; aonde está a pedra que se tem por marco da paragem atrás nomeada; e veiu a sahir na estrada real que vae para a aldeia de Marury; donde fica um marco; de pedra [....] o caminho; defronte de um pau de espinho; que fica o dito pau; da banda do rio; e o marco a outra banda; e dehi se foi lançando o rumo para adiante e com elle viemos chegar à paragem; chamada Ubatipaqua; em um algodoal; velho; que foi do defunto Manoel Pires donde o ouvidor; mandou ficar um marco de pedra; na estrada; a qual vem da villa de São Paulo para a casa e fazenda que foi do defunto João Rodrigues Besarano; o qual marco; se fincou junto à estrada; da banda esquerda; junto a uns penedos; e defronta de um pau secco; e uperoba; que fica na mesma banda donde está o marco;

---

[66] Ver Edmundo Zenha. *O município no Brasil (1531-1700)*. São Paulo: Editorial Progresso – IPE, 1948.
[67] Registro de uma carta de diligência. *Registo geral*, op. cit.. v. 2, p. 562-565.

> e dahi se veiu seguindo o dito rumo;... chegamos com o dito rumo à estrada que vem do moinho; do capitão João de Godoy para a casa do dito donde o ouvidro; mandou ficar um marco; de pedra na dita estrada donde o dito capitão João de Godoy teve o seu sitio velho; defronte do tanque do dito moinho; e dahi se veiu trazendo o dito rumo; por umas capoeiras; do dito João de Godoy; até o morro mais alto; que cae sobre o rio da Cutia; e dahi se não foi por diante por ser parte deserta e sem moradores...[68]

A imprecisão espacial e geográfica acabou fixando para a vila paulistana referenciais geográficos de fácil apreensão: os rios que a cercam.

A amplidão do termo de seis léguas para todas as partes pode ter auxiliado seu esvaimento da percepção dos moradores.

A confusão e dificuldade de definir os espaços do termo e os do rossio atrapalha muito os especialistas na história de São Paulo. Se acrescentar a eles a divisão administrativa religiosa, em freguesias, que espacialmente também era diversa, fica difícil a definição de espaços de forma compatível aos padrões atuais.

Maria Luiza Marcílio, em seu estudo pioneiro de demografia histórica, preferiu trabalhar com o conceito de paróquias, fugindo à confusão, encontrada na documentação, entre as duas áreas. Apoiando-se em Zenha definiu que:

> A parte central de uma vila colonial era delimitada, em princípio, pelas autoridades locais, no momento de sua criação. Esta parte recebia o nome de rocio... O rocio de São Paulo cujos limites foram bem imprecisos até 1598, foi demarcado uma vez em 1726. Ele contava então, a grosso modo, meia légua (3 km) de raio ao redor do povoado central... A Câmara exercia sua autoridade sobre uma área mais vasta chamada termo da cidade. Este território todo deveria contar em princípio, no mínimo 6 léguas (36 km) entre uma vila e outra... O termo da cidade de São Paulo, como veremos mais adiante, guardou uma forma bem irregular, constantemente mudada,

---
[68] Idem, ibidem.

e que se estendeu até 70 km do lado norte, por volta da primeira metade do século XVIII. Assim, o rocio, isto é, o núcleo central e seus arredores formaram o território do Município de São Paulo.[69]

A dificuldade de definir o termo e a confusão com o rossio é claramente decorrente do fato de a vila de São Paulo não ter foral de criação.

Nos campos de Piratininga fora criada uma povoação por Martim Afonso de Sousa cerca de nove léguas distante de São Vicente.

Mas a vila formalmente criada nos campos de Piratinga foi a de Santo André, com provisão dada por Tomé de Sousa, de acordo com sua carta ao rei, prestando contas de suas atividades como governador geral, datada de 1º de junho de 1553:

> (...) It. São Vicente capitania de Martim Afonso he hoa/ terra... e hordeney/outra villa no comeco do campo desta villa de São Vicente/ de moradores que estavão espalhados por elle e os fiz cerquar/ e ayuntar pera se poderem aproveitar todas as povoações/ deste campo e se chama a villa de Santo Andre porque honde/ a cituey estava hoa ermida deste apostollo e fiz capitão della/ a JohBo Ramalho...[70]

Apesar de não ter foral de criação, pois a transferência do título de vila foi obtida pelos padres jesuítas na permanência de Mem de Sá em São Vicente, no ano de 1560, conforme indicam diversos autores, havia um termo prescrito.[71]

---

[69] Maria Luiza Marcílio, op. cit., nota 5, p. 33-34.

[70] Ver Apêndice XII – Carta de Tomé de Sousa (1 junho 1553), de A instituição do Governo Geral, de Pedro de Azevedo. In: *História da colonização portuguesa do Brasil*. Ed. monumental do primeiro centenário da Independência do Brasil, dir. Carlos Malheiro Dias. Porto: Litografia Nacional, 1921. 3 v. Ver v. 3, p. 325-383.

[71] Há um grande debate entre historiadores sobre a origem do título de vila, questões entre João Ramalho e os padres jesuítas do Colégio de São Paulo, mas que não é pertinente ao estudo. Ver principalmente Washington Luís Pereira de Sousa. *Na capitania de São Vicente*. Belo Horizonte: Itatiaia/ São Paulo: Edusp, 1980, p. 105-106; *História da municipalidade de São Paulo*, de Aureliano Leite e J. de Scantimburgo. São Paulo: Prefeitura do Município/

Quer fosse o termo original de Santo André, dado por Tome de Sousa, quer fosse o termo genérico de povoações que poderiam ser criadas na Capitania de Martim Afonso de Sousa, ele deveria ser de seis léguas, conforme pode ser lido no Regimento de Tomé de Sousa e no foral dado a Martim Afonso de Sousa.

O Regimento de Tomé de Sousa se refere especificamente a povoação que deveria fundar ao chegar na Bahia, mas deve ser entendido como generalizador para povoações que fossem fundadas por ele. Diz o documento: "... Por que minha tenção he que a dita povoação seja tal/ como atras fica decrarado ey por bem que ela tenha de termo/ e limite 6 leguoas pera cada parte...".[72]

O foral de Martim Afonso de Sousa dado em 06 de outubro de 1534 definia claramente:

> (...) Outrosim me praz, que o dito Capitão, e Governador, e todos seus Successores possam por si fazer Villas todas, e quaesquer povoações, que se na dita terra fizerem, e a elles parecer, que o devem ser, as quaes se chamarão Villas. e terão termo, e jurisdição, e Liberdades. e insignias de Villas, segundo foro, e costume de meus Reinos, ...por dentro da terra firme pelo Sertão as não poderão fazer menos espaço de seis leguas de uma a outra para que possam ficar ao menos tres leguas de terra de termo a cada uma das ditas Villas,....cada uma dellas lhe limitarão, e assignarão logo termo para ellas...[73]

Câmara Municipal de São Paulo, 1977, v. 1, p. 247, e, de Sérgio Buarque de Holanda. São Paulo, origens de. In: *Dicionário da história de Portugal*, op. cit., v. 3, p. 789-790. Na documentação editada do governo de Mem de Sá nada consta. Ver Documentos relativos a Mem de Sá, governador geral do Brasil. *Annaes da Bibliotheca Nacional do Rio de Janeiro*, Rio de Janeiro, Typ. da Bib. Nacional, 27: 422, 1906, item 18, p. 134-135.

[72] Ver Apêndice I - Regimento de Tomé de Sousa (17 dezembro 1538), op. cit., p. 346.

[73] Ver *A solução tradicional da colonização do Brasil*, de Paulo Merea, idem, ibidem, p. 165-188; e Traslado da Doação da Capitania de São Vicente, de que é Capitão Martim Afonso de Souza. *Documentos Históricos da Biblioteca Nacional*, 1559-1577 – Provimentos seculares e ecclesiasticos. Rio de Janeiro, 37: 299-313, 1937, p. 303.

Pela documentação compulsada a vila de São Paulo possuía um termo de seis léguas em todas as partes, pelo foral de Martim Afonso de Sousa, de 1534, pelo Regimento de Tomé de Sousa, de 1549, e pela carta de diligência de Pedro de Mustre Portugal em 1660.

A escassa e persistente toponímia, as indicações baseadas em pessoas naturais e a pobreza da geografia descritiva não eram diversas das que existiam na metrópole, conforme declarou Romero Magalhães.[74]

O domínio do espaço estava totalmente ligado à visão, à vivência, à experiência dos moradores. As distâncias eram vagas, os referenciais eram acidentes geográficos, pessoas naturais, corporações militares e religiosas. Um mundo restrito e conhecido, comum a todos os habitantes que não precisavam cercar seus bens.

Segundo Zenha não fora determinada a quantidade de moradores de um termo. A vasta extensão atribuída aos termos das vilas de sertão, seis léguas, 36 km, indica o desconhecimento genérico do mundo colonial. Dificilmente algum termo no território metropolitano passaria de uma ou de duas léguas. A dispersão da população era a regra na metrópole, e caso os moradores estivessem afastados da sede do Concelho, deveriam ser atendidos por juiz de vintena. O que pode levar a formulação da hipótese que a partir de vinte moradores poderia haver um município, quer estivessem todos concentrados em um núcleo urbano, ou espalhados em terrenos próximos.

Restava compreender como era a conceituação legal de bem do Concelho, bem de uso comum, não no sentido contemporâneo de coletivo, comunitário ou participativo, mas no sentido e na atuação no período colonial.

---

[74] "As descrições geográficas de Portugal: construções de uma imagem" palestra de Joaquim Antero Romero Magalhães, no IEA/USP, 11 dez. 1991.

Mapa 02

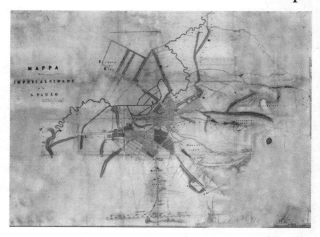

Mapa da Imperial cidade de São Paulo, 1855. In: São Paulo antigo, op. cit. Área da Décima Urbana de 1809.

Mapa 03

Mapa da Imperial cidade de São Paulo, 1868. In: São Paulo antigo, op. cit. Área da Décima Urbana de 1809.

Características da terra urbana

Estudar a legislação e documentação pertinente à vila e cidade de São Paulo no período colonial permitiu a localização da terra urbana como diferenciada da rural, diversamente do que se encontra nos estudos clássicos sobre a propriedade territorial no Brasil.

São Paulo tivera um termo, um rossio, um perímetro urbano delimitado. O termo era de seis léguas em torno da vila, quer se considere o foral de Martim Afonso de Sousa, de 1534, o Regimento de Tomé de Sousa, de 1549, ou o julgamento de Pedro de Mustre Portugal. O rossio fora concedido por Pero Colaço, loco-tenente de Martim Afonso de Sousa em 1598, doado novamente por Rodrigo César de Meneses em 1724, medido em 1769. O perímetro urbano que ficou isento da obrigatoriedade do registro paroquial foi assinalado pela área da Décima Urbana de 1809.

Na busca de compreender o processo que levou à diferenciação da terra urbana retomei a bibliografia e a legislação portuguesa.

Segundo Langhans, em Portugal a organização administrativa local, que tinha o gerir e o julgar, funções e poderes confundidos, era, na prática, independente do poder régio, pela existência de instâncias administrativas, judiciarias e religiosas diferenciadas e de certa forma paralelas e superpostas.

O Concelho, pessoa coletiva de população e território, foi a forma organizada e expressiva dessa administração local, submetida aos forais, dados pelo rei ou pelo senhor, com vida comunitária, envolto em muralhas protetoras nas áreas urbanas, mas com extensão na área rural dos arredores, administrado pelo "conselho dos homens-bons", que elegia juízes e procurador, cabendo ao alcaide, em nome do rei, presidir a assembléia.[1]

Forais, foral, carta de foral, tal é a nomenclatura específica de um diploma, o qual contém as normas de convivência dos povoadores de um local entre si e com o outorgante; liberdades e garantia das pessoas e dos bens dos povoadores; impostos e tributos; imposições e multas por delitos e contravenções; imunidades coletivas; serviço militar; aproveitamento dos terrenos comuns etc. São considerados regras de Direito Público, mas são agrupados por tipologia, pois uns eram modelados em outros, formando famílias.[2]

Originalmente eram concessões de terras, com direito hereditário, e poder de alienação após algum tempo, com encargos. No período quinhentista, os forais já haviam se transformado em meros registros dos tributos devidos pelos municípios. Após o longo processo de enfraquecimento do poder local e fortalecimento do poder régio, foi realizada uma reforma, pela qual os forais adquiriram a característica de registros das isenções e dos encargos locais.

Na medida em que o poder real se estendeu sobre o reino, as regras legais foram sendo emitidas de modo geral, chegando mesmo a superar o direito dos forais e funcionários régios foram superpostos ao poder local.

As terras do Concelho eram comuns, doadas a ele para uso dos moradores. A origem dessa situação peculiar foi o processo de Reconquista, no qual o rei ficou possuidor de "terras reguengas", usadas para atrair povoadores para as áreas novas, com cobrança de direitos, mas também com a relação direta com a realeza. O Concelho podia se dirigir diretamente ao rei por correspondência.

---

[1] Ver Franz Paul de Almeida Langhans, *Dicionário*, op. cit., p. 217-219.
[2] Ver Mário Júlio de Almeida Costa, idem, ibidem, v. 2, p. 279-280.

Mesmo com o processo de centralização do poder real, os Concelhos ficaram protegidos, pois em todas as Ordenações consta o item que os autorizava a desrespeitar atos régios, para a defesa dos direitos dos forais.

Pela leitura dos atos legais a retórica do item pode ser confirmada.

Segundo Boxer: "No princípio do século XVI, o sistema de governação municipal em Portugal havia sido estabelecido segundo o padrão adiante descrito, que foi decretado num Regimento de 1504, e que só foi drasticamente reformado em 1822".[3]

O padrão escolhido como modelar para as Câmaras foi o da cidade de Lisboa, no qual se inspiraram todas as outras cidades e vilas do Reino e igualmente as do ultramar.

Langhans declarou que:

> As reformas legislativas manuelinas, incluindo nelas o Regimento dos Oficiais das Cidades de Vilas deste Reinos (1504), que é um verdadeiro regulamento geral da administração local, pelos copiosos preceitos que inclui sobre a competência dos oficiais encarregados de gerir os negócios públicos dos Conselhos, conjuntamente com a posterior publicação das Ordenações Manuelinas (1521) e outros regimentos respeitantes à administração central, foram a base jurídica e organizadora dos regimes que vigoraram nas cidades que fundamos ou desenvolvemos nos domínios ultramarinos da coroa...[4]

Não foi possível localizar em qualquer das coleções de legislação portuguesa existentes nas bibliotecas de São Paulo ou na Biblioteca Nacional do Rio de Janeiro um exemplar do citado Regimento de 1504. Como não é utilizado por autores brasileiros que têm estudado o período colonial, pode-se presumir a dificuldade de acessá-lo. Nas *Ordenações manuelinas*, aparentemente não está reproduzido, pois não há indica-

---

[3] C. R. Boxer, op. cit., p. 305.

[4] Idem, nota 1.

ção, pelo menos com o mesmo título, embora possa estar disperso pelos vários títulos que atendem as coisas das cidades e vilas.

Ao lidar com a legislação destinada às cidades e vilas constantes nas *Ordenações* encontra-se a clara definição de sua diversidade em relação às áreas rurais.

Essa diferenciação transportou-se para o mundo colonial, criando uma realidade complexa, que exige estudos específicos para seu entendimento, pois a duração colonial de alguns fenômenos ultrapassou o regime político. Esse é o caso da terra urbana nas metrópoles brasileiras contemporâneas.

Nas *Ordenações manuelinas* o modo de administrar cidades e vilas consta no título XLVI – "Dos Vereadores das Cidades, e Villas, e cou-Sas que a Seus Officios pertencem", com 32 itens. Mandava a lei que os vereadores tomassem conta dos bens do Concelho, propriedades, herdades, casas e foros; fiscalizassem as possessões, caminhos, rossios e servidões; cuidassem dos caminhos, fontes, chafarizes, pontes, calçadas, poços e casas; guardassem as posturas; arquivassem os documentos pertencentes ao Concelho, quer fossem forais, tombos, privilégios e escrituras; só aforassem os bens do Concelho em pregão; definia os dias de reunião, as custas etc.[5]

No geral, essas atribuições não diferem muito das constantes *Ordenações afonsinas*, onde o assunto está no livro I, título XXVII – "Dos Vereadores das Cidades, e Villas, e cousas, que a Seu Officio perteencem" em 23 itens com orientações sumárias. Pelo primeiro item fica claro que os Concelhos possuem bens, propriedades, herdades, casas e foros, que devem dar rendas, como está no segundo item.

Separadamente dos bens, estão apresentadas as possessões, caminhos, rossios e servidões, bem como o que deveria ser objeto de cuidados dos

---

[5] *Ordenações manuelinas*. Nota de apresentação de Mário Júlio de Almeida Costa. Ed. facsimilar da Real Imprensa da Universidade de Coimbra de 1797. Lisboa: Fundação Calouste Gulbenkian, 1984. 5 v. Ver v. 1, p. 322-334.

vereadores: caminhos, fontes, chafarizes, pontes, calçadas, muros e barreiras, em "prol cumunal".[6]

Os demais assuntos, que também são pertinentes à administração camerária, estão tratados separadamente, tais como os do corregedor da comarca, dos juízes, dos juízes ordinários, dos almotacéis, do procurador do Conselho, do alcaide pequeno, dos carcereiros, dos tabeliães. Além da maior quantidade de itens do título nas *Ordenações manuelinas*, houve ampliação de títulos que se referem à administração das vilas e cidades, como: procuradores, corregedores, chancelaria das comarcas, juízes ordinários, forma de eleição dos vereadores, almotacéis, procurador do Conselho, tesoureiro do Conselho, escrivão da Câmara, escrivão da almotaçaria, quadrilheiros, alcaide pequeno, carcereiros, tabeliães, até porteiros e pregoeiros, além de incluir um item especial sobre as procissões.[7]

Deve-se destacar que embora a área das vilas e cidades não conste do texto, desde o item sobre os juízes ordinários há sempre a declaração expressa de que moradores de mais de uma légua de distância não podem ser prejudicados, e por causa disso foram criados os juízes de vintena. A idéia de uma légua como área de domínio pode ter sido reforçada pelo fato de que os moradores dos termos distantes mais de uma 1égua eram dispensados das duas procissões anuais obrigatórias, e das eventuais também, ao passo que os que estivessem estabelecidos e morassem na légua eram obrigados ao comparecimento, sob pena de multas.[8]

Nas *Ordenações filipinas*, o título LXVI – "Dos Vereadores" contém 49 itens, entre os quais os que determinavam cuidar das possessões, servidões, caminhos e rossios; arrendamento das rendas do Concelho em pregão, e aforamento dos bens da mesma maneira;

---

[6] *Ordenações afonsinas*. Nota de apresentação de Mário Júlio ds Almeida Costa. Ed. facsimilar da Real Imprensa da Universidade de Coimbra de 1792. Lisboa: Fundação Calouste Gulbenkian, 1984. 5 v. Ver v. 1, p. 173-179.

[7] Idem, ibidem.

[8] Idem, ibidem, p. 566-567.

cuidado com os caminhos, fontes, chafarizes, pontes, calçadas, poços, casas e quaisquer outras coisas do Conselho, além do item das procissões obrigatórias.[9]

Literalmente "... para as quaes... não serão constrangidos a vir a ellas nenhuns moradores do termo de alguma cidade, ou villa, salvo os que morarem ao redor huma legoa...".[10]

Do mesmo modo que nas *Ordenações anteriores*, os temas da área urbana estão dispersos em diversos títulos, não formando conjunto coerente de regras.

Nas notas de Cândido Mendes de Almeida, que discutem a origem e abrangência da instituição camerária, são citados diversos regimentos sobre as atividades, funções e exercício, mas não o de 1504.[11]

Boxer chamou a atenção dos estudiosos para o papel primordial que a instituição Câmara teve no processo de colonização, considerando-a um dos "pilares" do processo, além de destacar o fato de que para os reis portugueses elas eram fonte de renda: sempre podiam pagar mais um "subsídio", "contribuição", "donativo", mesmo protestando, um custo temporário que tendia a se transformar em permanente. As Câmaras sempre podiam ser um pouco mais drenadas, um pouco mais sangradas.[12]

Na leitura das *Ordenações* fica claro o aspecto tópico e casuístico da legislação metropolitana, buscando solucionar casos específicos: definindo funções, modos e normas para tudo e para todos, mas deixando em aberto outras possibilidades de atuação, sem esclarecer qual a finalidade e o objeto da ação legal e da norma.

Se hoje é difícil reconstrução o aparato administrativo e jurídico, deve-se lembrar que havia uma outra instância com tanto poder quanto as outras: a religiosa, misturando-se e se superpondo a elas.

---

[9] *Ordenações filipinas*, op. cit., v. 1, p. 144-153.
[10] Idem, ibidem, p. 152-153.
[11] Idem, ibidem, p. 144-145.
[12] C. R. Boxer, op. cit., idem.

Não foi localizada nos textos consultados a conceituação de termo, embora fique claro que ele existia nas vilas e cidades, era a área da comarca como jurisdição legal. Sua extensão física deveria constar dos forais originários, mas no mundo colonial, especialmente no caso brasileiro, sua extensão fora definida nos forais dos donatários em seis léguas, ou em três, quando houvesse duas povoações próximas.

Que a noção de termo como área espacial tenha desaparecido é bastante compreensível, pela dificuldade de dominar o espaço, delimitar, demarcar, explorar. Que na imensidão do mundo colonial, de terras a perder de vista, ele tenha sido perdido para o sistema de sesmarias, com o qual disputava terras, é bastante provável e até plausível. Deve-se lembrar que até a legislação imperial do século XIX reiterava a extensão da área em torno das povoações em seis léguas.

A confusão entre terra possível de ser doada em sesmarias e a terra do termo aparece claramente no estudo de Daisy Bizzochi de Abreu, *A terra e a lei*, quando, ao estudar o processo de doação de terras em São Paulo nos séculos XVI e XVII, trata de ambas como equivalentes, talvez confundida pela existência de sesmarias no termo da vila de São Paulo. Sesmarias estas que haviam sido doadas anteriormente à transferência da vila, e que continuaram a ser doadas depois, quer pelos loco-tenentes dos donatários, quer pela Câmara.[13]

Na confusão entre instâncias de poder, entre direitos e deveres, nas dificuldades de cumprir determinações legais, parte dos bens do Concelho, sob responsabilidade dos oficiais da Câmara, pode ter sido deixada de lado, caindo no esquecimento, como no caso do termo.

A palavra termo permaneceu como parte da terminologia jurídica, o termo como subdivisão da comarca, sob jurisdição de um juiz.

Comarca acabou sendo apenas uma área de jurisdição legal, tendo uma delimitação de controle legal.

---

[13] Daisy Bizzochi de Lacerda Abreu. *A terra e a lei*. Estudo de comportamentos sócio-econômicos em São Paulo nos séculos XVI e XVII. Dissertação de Mestrado, História – FFLCH/USP. São Paulo, 1981.

Diversamente do termo, cuja noção deve ter desaparecido por influência do sistema de sesmarias, o rossio permaneceu e persistiu até o século XIX, ligado à noção de "bem comum ao Concelho", mesmo quando estes já não mais existiam. A área destinada ao rossio era comum aos habitantes da vila ou cidade. A palavra surge nas *Ordenações* como "resio" ou "ressio", e, em 1500, na cidade de Lisboa, D. Manuel passou uma Carta Régia, mandando derrubar os olivais próximos às muralhas para abrir um rossio de dois tiros de besta, para melhorar a aparência e evitar a entrada de animais de carga.[14]

A impressão obtida na leitura dos documentos da vila e cidade de São Paulo é que no período colonial, quer pelo isolamento e distanciamento dos oficiais régios, quer pelo desconhecimento das normas legais, aparentemente, a área do rossio foi confundida, pelos habitantes da vila e oficiais da Câmara, tanto com o termo como com os bens do Concelho. Isto explica o fato de a Câmara aforar terras do rossio, quando deveria estar formalmente aforando terras do Concelho.

Mas as terras do rossio, que deveriam ser de uso comum, foram cedidas em "datas de terra", em "chãos de terra", para uso dos habitantes da vila.

A alteração de sentido da palavra rossio ocorrida na vila e cidade de São Paulo pode tanto ser atribuída ao desconhecimento do conteúdo da lei, visto que exemplares das *Ordenações* eram raros, como a noção extrema de "bem comum", que pode ter sobrepujado a de "bem do Conselho".

Como a legislação era mutável e tópica, o sentido legal deveria ser muito frágil diante das condições reais.

A própria situação das Câmaras no mundo colonial era relativamente instável. No estudo de Graça Salgado é visível a ampliação de funções camerárias de um lado, acompanhada pela perda de importância relativa na administração. Exemplificando, as Câmaras eram no início da

---

[14] Ver A expedição de Cabral de Carlos Malheiros Dias, *História da...*, op. cit., v. 2, p. 11.

colonização o poder instituído, tendo acima o loco-tenente ou o donatário e o rei. No início do oitocentos, entre elas e o rei havia mais cinco camadas administrativas a serem percorridas.[15]

No oitocentos a noção de terra urbana como "bem comum" continuava vigorando, pois as Câmaras deviam e podiam distribuir terras no seu termo, ou como no caso de São Paulo, no seu rossio. A persistência da noção é comprovada pela documentação da própria Câmara, que doava e queria continuar doando "chão de terra" ou terreno para os moradores.

A terra urbana foi relativamente preservada pela Lei de Terras de 1850, embora brutalmente reduzida: do termo ou do rossio apenas a área da Décima Urbana foi preservada efetivamente, apesar dos cuidados com os aforamentos e "terras de uso comum".

A legislação imperial oitocentista sobre terra desgarrou-se da tradição portuguesa e tentou fazer uma rígida divisão entre "terras para lavoura e criação" e para vilas e cidades.

Sérgio Luís de Carvalho chamou a atenção para a peculiar relação existente em Portugal entre a área urbana e a rural, como complementares e não opostas.[16]

Provavelmente o mesmo processo deve ter ocorrido no mundo colonial, em que atividades, funções, instâncias e poderes se confundiam.

A Lei de Terras ao interferir no antigo sistema estruturado da terra urbana como "bem comum" permitindo sua transformação em mercadoria, deixou uma herança complexa para as áreas urbanas brasileiras.

Para um especialista em urbanização, as questões de terra – propriedade, apropriação e uso – são complexas e de esclarecimento difícil. Para a população urbana, que sofre os resultados catastróficos pelo uso da terra, é completamente invisível.

---

[15] *Fiscais e meirinhos*, op. cit., ver organogramas.
[16] Sérgio Luís de Carvalho. *Cidades medievais portuguesas*. Uma introdução ao seu estudo. Lisboa: Livros Horizonte, 1989.

Todos os habitantes da cidade necessitam da moradia, pois ela traduz a possibilidade de viver, de modo mais forte do que a posse de bens de raiz ou mercadoria.

Há uma parcela dos moradores do espaço urbano que eventualmente possui poder aquisitivo para comprar terra ou propriedade no mercado, mas que, pelo grau de complexidade das relações legais, fica sempre sujeita a sofrer processos complexos de verificação de propriedade, valor legal do título adquirido etc.

A complexidade burocrática é de tal monta para realizar um registro imobiliário, além do custo financeiro, que uma parte dos proprietários legais se transforma em ilegais.

Deve-se lembrar que o crescimento urbano e a expansão física da cidade foi realizado de forma confusa, parcialmente escapando às determinações legais que regiam o espaço urbano, parcialmente através de um sistema de apropriação, posse e regulamentação posterior. Grandes manchas territoriais urbanas foram apropriadas e colocadas no mercado imobiliário ilegalmente, pois eram "terras de uso comum", bens da Câmara ou tinham destinação de uso público pelas instâncias de poder público federal, estadual, ou municipal. De modo semelhante, foram também ocupadas e vendidas terras de posse em contestação judicial, às vezes em processos mais que centenários, como no caso dos bens imobiliários da Companhia de Jesus.

Outra parte da população, igualmente numerosa, expropriada no mercado de trabalho, não chega a possuir condições financeiras para se inserir no mercado imobiliário urbano, mas possui as mesmas necessidades de sobrevivência individual e familiar, e recorre ao que denomino uso tradicional do espaço urbano.

O uso tradicional da terra urbana é a apropriação da terra, não aceitando ou respeitando os códigos e regulamentações do poder público vigentes.

Poder-se-ia pensar que o uso tradicional da terra urbana fosse herança da área rural, do sistema de agregados e moradores, mas, ao contrário, é uma persistência, uma clara reminiscência do período colonial, no qual a terra urbana era cedida gratuitamente, ou por foro, pelos oficiais da Câmara para os moradores do local, por necessidade e para uso.

Hoje, o uso tradicional do solo urbano aparece nas construções de moradias elementares, nas ocupações de áreas pertencentes ao poder público, nas que legalmente não poderiam ser utilizadas, quer por envolver riscos de sobrevivência: margens de ribeirões e córregos, encostas de morros, várzeas e alagadiços, quer por estarem destinadas ao uso comum ou uso público.

Considero a forma tradicional de uso da terra urbana como herança colonial, continuidade e tradição da forma de obter terra para e pelo uso e necessidade, como aparece inúmeras vezes na documentação colonial.

Hoje, em oposição ao sistema tradicional de obtenção de terra nas áreas urbanas, há um sistema legal, dominante, de registros, restrições de pleno aproveitamento da terra como mercadoria.

Nessa situação de uso tradicional de terra urbana encontra-se vivo um anacronismo cultural, um fenômeno de longa duração.

Invasões, ocupações, favelas, habitações em áreas de risco, habitações subnormais são conceitos legais, técnicos, de um universo cultural regido por códigos, regulamentações e valores legais, e não por práticas de uso e necessidade.

O duro confronto entre as duas formas de apropriação da terra urbana pode ser visto em todas as regiões da cidade, impedindo a total aplicação dos planos urbanísticos que sempre prevêm um reticulado ou uma organização lógica.

Fontes

Barreiras – Capital. Tempo Imperial. Documentação Histórica – Divisão do Arquivo do Estado.

Barreiras – Freguesia Capital. Tempo Imperial. Documentação Histórica – Divisão do Arquivo do Estado.

[Livro sem título](Sesmarias). Tempo Colonial. Documentação Histórica – Divisão do Arquivo do Estado.

Real Fazenda de São Paulo. Tempo Colonial. Documentação Histórica – Divisão do Arquivo do Estado.

Actas da Camara Municipal de S. Paulo, 1560-1886. São Paulo: Arquivo Municipal, 1917-1946. 72 v.

Anais da Biblioteca Nacional. Rio de Janeiro, 27, 1906.

Cartas de datas de terras, 1555-1863. São Paulo: Departamento de Cultura/Divisão de Documentação Histórica e Social/Prefeitura do Município de São Paulo, 1937-1940. 20 v.

Catálogo de documentos sobre a história de São Paulo existentes no Arquivo Histórico Ultramarino, de Lisboa. Elaborado por ordem do governo português e publicado pela *Revista do Instituto Histórico e Geográfico Brasileiro* em comemoração ao IV Centenário da Fundação de São Paulo. Rio de Janeiro: Imprensa Nacional, 1956. 15 v.

Colleção das Decisões do Império do Brasil, 1808-1889. Rio de Janeiro: Imprensa Nacional, vv. dd.

Collecção das Leis do Império do Brasil, 1808-1889. Rio de Janeiro: Imprensa Nacional, vv. dd.

Documentos históricos da Biblioteca Nacional. Rio de Janeiro, 37. 1937.

Documentos interessantes para a história e costumes de São Paulo. São Paulo: Arquivo do Estado, vv. dd. 95 v.

FREITAS JUNIOR. Augusto Teixeira de. **Terras e colonisação.** Contem a Lei n. 601 de 18 de Setembro de 1850, o Regulamento n.1318 de 30 de Janeiro de 1854. o Regulamento de 8 de Maio 1854, Portaria n. 385 de 19 de Dezembro de 1855, Regulamento n. 3784 de 19 de Janeiro de 1867, e Regulamento n. 6129 de 23 de Fevereiro de 1876 que, reorganisou a Inspectoria Geral das Terras e Colonisação, annotados e additados... por... Rio de Janeiro: B.L. Garnier Liv. Ed., 1882.

MAIA. Antonio da Silva. **Lei de 4 de outubro de 1831** da organisação do Thesouro Publico Nacional e das thesourarias das provincias do Imperio. Annotada, e additada com as disposicdes das leis, e ordens conducentes a sua melhor intelligencia, e execução por... do Conselho de Sua Magestade Imperial para uso dos empregados no Thesouro Publico Nacional, e nas Thesourarias Provinciaes. Rio de Janeiro: Typographia Nacional, 1834.

MENEZES, José Augusto Gomes de. **Rápido exame da lei sobre as terras devolutas e colonização.** Itaborahy: Typ. de J.H. de Drumond, 1859.

Ordenações afonsinas. Nota de apresentação de Mário Júlio de Almeida Costa. Ed. fac-similar da Real Imprensa da Universidade de Coimbra de 1789. Lisboa: Fundação Calouste Gulbenkian, 1984. 5 v.

Ordenações filipinas. Nota de apres. Mário Júlio de Almeida. Ed. fac-similar da ed. de 1870 de Cândido Mendes de Almeida. Lisboa: Fundação Calouste Gulbenkian, 1988. 3 v.

Ordenações manuelinas. Nota de apresentação de Mário Júlio de Almeida Costa. Ed. fac-similar da Real Imprensa da Universidade de Coimbra de 1797. Lisboa: Fundação Calouste Gulbenkian, 1984. 5 v.

Regimento das Camaras Municipaes do Imperio do Brasil. Lei de 1º de Outubro de 1828, aumengtadas com as leis, resolucões, decretos, regulamentos, avisos, portarias e ordens que lhe dizem respeito publicadas desde a época da Independência até o presente, por ***. Rio de Janeiro: Eduardo & Henrique Laemmert, 1857. (Col. Manual do Cidadão Brasileiro, 8).

Regimento da secretaria da Camara Municipal da Imperial cidade de São Paulo. São Paulo: Typ. Jorge Seckler, 1881.

Registro geral da Camara da cidade de São Paulo, 1585-1863. São Paulo: Arquivo Municipal, 1917-1946. 38 v.

Registros de terra de São Paulo: Sé, v. 1, organizado por Viviane Tessitore. São Paulo: Arquivo do Estado, 1986.

Relatório de 1916 apresentado a Camara Municipal de S80 Paulo pelo prefeito Washington Luís Pereira de Souza. São Paulo: Casa Vanorden. 1918. 2 v.

São Paulo antigo. Plantas da cidade. Comissão do IV Centenário de Fundação. São Paulo: Melhoramentos, 1948. 11 plantas.

SILVA, Hygino Alvares de Abreu e. **A lei n. 601 de 18 de Setembro de 1850 pertence exclusivamente ao domínio do Direito Civil?** Quaes são as rasões que se deduzem de suas disposições para sustentar a opinião contrária? Dissertação que por defender theses para obter o grao de Doutor em Sciencias Juridicas e Sociaes apresentou... Bacharel formado pela Faculdade de Direito de São Paulo. São Paulo: Typographia Litteraria, 1859.

VASCONCELLOS. J. M. P. de. **Livro das terras** ou Collecção da lei, regulamentos e ordens expedidas a respeito desta materia até o presente seguido da forma de um processo de medição organizado pelos juizes commissarios, e das reflexões do Dr. José Augusto Gomes de Menezes, e de outros que esclarecem e explicão as mesmas leis e regulamentos. Rio de Janeiro: Eduardo & Henrique Laemmert, 1860.

Bibliografia

ABREU, Capistrano de. *Capítulos de história colonial*. Rio de Janeiro: Civilização Brasileira/MEC, 1976.

ABREU, Daisy Bizzochi de Lacerda. *A terra e a lei*. Estudo de comportamentos sócio-econômicos em São Paulo nos séculos XVI e XVI. Dissertação de Mestrado, História FFLCH/USP. São Paulo, 1981.

ABUD, Katia Maria. *O sangue intimorato e as nobilíssimas tradições*. (A construção de um símbolo paulista: o Bandeirante). Tese de Doutorado em História Social. FFLCH/ USP. São Paulo, 1985.

ALMEIDA JUNIOR, João Mendes de. *Monografia do município da cidade de São Paulo*. São Paulo: Typ. Jorge Seckler, 1882.

ANDRADE, Mário. *Poesias completas*. Edição crítica de Diléa Zanotto Manfio. Belo Horizonte: Itatiaia/ São Paulo: Edusp, 1987. (Col. Obras Completas de Mário de Andrade, 2).

ANDRADE. Margarida Maria de. *Bairros além-Tamanduateí: o imigrante e a fábrica no Brás, Mooca e Belenzinho*. Tese de Doutorado em Geografia. FFLCH/USP. São Paulo, 1991.

AZEVEDO, Aroldo de. *Vilas e cidades do Brasil colonial*. Ensaio de Geografia Urbana retrospectiva. São Paulo, 1956. (Boletim da FFCL, 208, Geografia, 11).

BANDECCHI, Brasil. *Origem do latifúndio no Brasil*. São Paulo: Obelisco, 1964.

BELLOTTO, Heloisa Liberalli. *Autoridade e conflito no Brasil colonial: o governo do Morgado de Mateus em São Paulo (1765-1775)*. São Paulo: Secretaria do Estado da Cultura/Conselho Estadual de Artes e Ciências Humanas, 1979. (Col. Textos e Documentos, 36).

BITTENCOURT, Circe Maria Fernandes. *Civilização, Pátria, Trabalho*. (O ensino de História nas escolas paulistas, 1917-1930). São Paulo: Loyola, 1990.

BOXER. C. R. *O império colonial português*. Lisboa: Ed. 70, 1977. (Col. Textos de Cultura Portuguesa, 3).

BRUNO, Ernani da Silva. *História e tradições da cidade de São Paulo*. São Paulo: HUCITEC/Secretaria Municipal de Cultura, 1984. 3 v.

CANABRAVA, Alice Piffer. *A repartição de terras na capitania de São Paulo, 1818*. São Paulo: IPE/FEA/USP, 1972. (Revista de Estudos Econômicos, 2 (6) 1972).

CARVALHO, Sérgio Luís de. *Cidades medievais portuguesas*. Uma introdução ao seu estudo. Lisboa: Livros Horizonte, 1989. (Col. Perspectivas Históricas, 2)

COSTA, Emilia Viotti da. *Da monarquia à República: momentos decisivos*. São Paulo: Grijalbo, 1977.

Dicionário da história de Portugal, Joel Serrão(org.). Porto: Liv. Filgueirinhas, s.d. 3 v.

DICK, Maria Vicentina do Amaral. *A dinâmica dos nomes na toponímia da cidade de São Paulo 1554-1897*. Tese de Livre Docência, FFLCH/USP. São Paulo, 1988.

DONNE, Marcella Della. *Teorias sobre cidades*. São Paulo: Martins Fontes, 1986.

Evolução urbana da cidade de São Paulo. Estruturação de uma cidade industrial (1872-1945). Coord. de Maria Lúcia Perrone F. Passos. São Paulo: Eletropaulo/Secretaria Municipal de Cultura, 1990. v. 1, t. 1. (Monografias/Série Bibliografias, 1)

FAORO, Raimundo. *Os donos do poder*. Formação do patronato político brasileiro. Porto Alegre: Globo/São Paulo: Edusp, 1975. 2 v.

FARIA, Vilmar E. *Cinqüenta anos de urbanização no Brasil*. Novos Estudos CEBRAP, São Paulo, 29: mar. 1991, p. 98-119.

Fiscais e meirinhos: a administração no Brasil colonial, coord. Graça Salgado e outros. Rio de Janeiro: Nova Fronteira/ Brasília: INL – Fundação Nacional Pró-Memória, 1985.

FREIRE, Gilberto. *Sobrados e mucambos*. Decadência do patriarcado rural e desenvolvimento do urbano. Rio de Janeiro/São Paulo: José Olympio, 1951. 3 v.

FREITAS, Afonso A. de. *Tradições e reminiscências paulistanas*. São Paulo: Governo do Estado, 1978. (Col. Paulística, 9).

GADELHA, Regina. A lei de terras (1850) e a abolição da escravidão: capitalismo e força de trabalho no Brasil no século XIX. *Revista de História*, São Paulo, 120: jan./jul. 1989, p. 153-162.

GUIMARÃES, Alberto Passos. *Quatro séculos de latifúndio.* Rio de Janeiro: Paz e Terra, 1974.

História da municipalidade de São Paulo, por Aureliano Leite e J. de Scantimburgo. São Paulo: Prefeitura do Município/Câmara Municipal de São Paulo, 1977. 2 v.

HOLANDA, Sérgio Buarque de. *Raízes do Brasil.* Rio de Janeiro: José Olympio, 1969. (Col. Documentos Brasileiros, 1).

LAPA, José Roberto do Amaral. *A história em questão.* Historiografia brasileira contemporânea. Petrópolis: Vozes, 1976.

LAPA, José Roberto do Amaral. *História e historiografia: Brasil pós-64.* Rio de Janeiro: Paz e Terra, 1985. (Col. Estudos Brasileiros, 87).

LEMOS, Carlos A. C. *Alvenaria burguesa: breve histórico da arquitetura residencial de tijolos em São Paulo a partir do ciclo econômico liderado pelo café.* São Paulo: Nobel, 1985.

LIMA. Rui Cirne. *Pequena história territorial do Brasil.* Sesmarias e terras devolutas. Porto Alegre: Liv. Sulina, 1954.

LISBOA, José Maria. *Almanach litterario para o anno de 1876, 1877, 1878, 1879, 1880, 1881, 1884, 1885.* Ed. fac-similar. São Paulo: Governo do Estado/Casa Civil/Imprensa Oficial do Estado/Secretaria do Estado da Cultura/Arquivo do Estado/Instituto Histórico e Geográfico de São Paulo, 1982.

LOVE, Joseph. *A locomotiva: São Paulo na federação, 1889-1937.* Rio de Janeiro: Paz e Terra, 1982. (Col. Estudos Brasileiros, 57).

MAGALHAES, Joaquim Antero Romero. "As descrições geográficas de Portugal: construção de uma imagem". Palestra no IEA/USP, 11 dez. 1991.

Manual bibliográfico da Geografia paulista (junho de 1956), org. pela Comissão de Geografia Regional. São Paulo: IBGE/Conselho Nacional de Geografia, 1957.

MARCÍLIO, Maria Luiza. *A cidade de São Paulo.* Povoamento e população 1750-1850 com base nos registros paroquiais e nos recenseamentos antigos. São Paulo: Pioneira/Edusp, 1974.

MARTINS, José de Sousa. *O cativeiro da terra.* São Paulo: Ciências Humanas, 1979.

MARTINS, José de Sousa. *Os camponeses e a política no Brasil.* Petrópolis: Vozes, 1981.

MARTINS, José de Sousa. *Expropriação e violência.* São Paulo: HUCITEC, 1980.

MARX, Murillo. *Nosso Chão: do sagrado ao profano.* São Paulo: Edusp, 1988.

MARX, Murillo. *Cidade no Brasil terra de quem?* São Paulo: Edusp/Nobel, 1991.

MAWE, John. *Viagens ao interior do Brasil*. São Paulo: Edusp/Belo Horizonte: Itatiaia, 1978. (Col. Reconquista do Brasil, 33).

1001 teses sobre o Brasil urbano. Catálogo bibliográfico (1940-1989), org. de Lúcia Prado Valladares, Maria Josefina C. Sant'Anna e Ana Maria L. Caillaux. Rio de Janeiro: IUPERJ/São Paulo: ANPUR, 1991.

MORAES, Rubens Borba de. *Bibliografia brasileira do período colonial*. Catálogo comentado das obras dos autores nascidos no Brasil e publicados antes de 1808. São Paulo: IEB/USP, 1969.

MOURA, Paulo Cursino de. *São Paulo de outrora*. Evocações da metrópole. Belo Horizonte: Itatiaia/São Paulo: Edusp, 1980. (Col. Reconquista do Brasil. nova série, 25).

MULLER, Daniel Pedro. *Ensaio de um quadro estatístico da província de São Paulo*. Ordenado pelas leis provinciais de 11 de marco de 1836 e 10 de março de 1837. Ed. fac-similar. São Paulo: Governo do Estado. 1978. (Col Paulística, 11).

OMEGNA, Nelson. *A cidade colonial*. Rio de Janeiro: Jose Olympio, 1961. (Col. Documentos Brasileiros, 110).

PAULA, Euripedes Simões de. *Contribuição monographica para o estudo da segunda fundação de São Paulo: de pequena cidade de há meio século à grande metrópole de hoje*. São Paulo, s.c.p., 1936.

PINHEIRO, Péricles da Silva. *Manifestações literárias em São Paulo na época colonial*. São Paulo: Conselho Estadual de Cultura/Comissão de Literatura, 1961.

PIRENNE, Henri. *As cidades medievais européias*. Lisboa: Publicações Europa-América, s.d.

PORTO, Costa. *O sistema sesmarial no Brasil*. Brasília: UnB, s.d.

PRADO JUNIOR, Caio. *Formação do Brasil contemporâneo*. Colônia. São Paulo: Brasiliense, 1963.

REIS FILHO. Nestor Goulart. *Contribuição ao estudo da evolução urbana do Brasil (1500/1720)*. São Paulo: Pioneira/Edusp, 1968.

SALGADO, Plínio. *Como nasceram as cidades do Brasil*. São Paulo: Voz do Oeste/INL – MEC, 1978.

SANTOS, Carlos Nelson F. dos. *A cidade como um jogo de cartas*. Niterói: UFF/São Paulo: Projeto, 1988.

SANTOS, Paulo F. *Formação de cidades no Brasil colonial.* V Colóquio Internacional de Estudos Luso-Brasileiros. Coimbra: Gráfica de Coimbra, 1968.

São Paulo em três tempos: álbum comemorativo da cidade de São Paulo (1862-1887-1914). São Paulo: Casa Civil/Imprensa Oficial do Estado S.A./Secretaria da Cultura/ Arquivo do Estado, 1982.

SINGER, Paul I. *Desenvolvimento econômico e evolução urbana* (análise de evolução econômica de São Paulo, Blumenau, Porto Alegre, Belo Horizonte e Recife). São Paulo: Nacional, 1977. (Col. Biblioteca Universitária, série 2ª, Ciências Sociais, 22).

SINGER. Paul. I. *Economia política da urbanização.* São Paulo: Brasiliense, 1978.

SOUSA, Washington Luís Pereira de. *Na capitania de São Vicente.* Belo Horizonte: Itatiaia/São Paulo: Edusp, 1980. (Col. Reconquista do Brasil, nova série. 28).

TAUNAY, Affonso d'Escragnolle. *São Paulo nos primeiros annos (1554-1601).* Ensaio de reconstituição social. Tours: Imprenta de E. Arrault et Cie, 1920.

TOLEDO, Benedito Lima de. *São Paulo: três cidades em um século.* São Paulo: Duas Cidades, 1981.

WEBER, Max. *The City.* Glencoe-Illinois: The University Press, 1960.

ZENHA, Edmundo. *O município no Brasil (1532-1700).* São Paulo: Instituto Progresso Editorial – IPE, 1948.

Agradecimentos

Este trabalho, como todos os outros, foi possível graças à colaboração de muitas pessoas, às quais agradeço o empenho e o interesse.

Dos funcionários do Arquivo do Estado de São Paulo, especialmente de Ady Siqueira de Noronha.

Das bibliotecárias da Faculdade de Direito/USP, do Instituto de Estudos Brasileiros – IEB/USP e História e Geografia da Faculdade de Filosofia – SBD-FFLCH/USP.

Dos alunos de iniciação científica, os quais como auxiliares de pesquisa, coletaram dados, localizaram documentos e leram microfilmes, em todos os anos de desenvolvimento do projeto: Luciene, Álvaro, Ângela, Silvana, Beatriz e Marilda.

Das cartógrafas Beatriz Pessôa e Maria de Lourdes R. Freire, que sob orientação de Marcelo Martinelli, do Departamento de Geografia, fizeram os mapas.

Dos participantes do Grupo "Cidades" do Núcleo São Paulo da ANPUH, que colaboraram com atenção e sugestões nas reuniões em que o projeto foi apresentado.

Das amigas do Departamento, que ouviram o projeto e fizeram a trabalhosa revisão do texto: Ana Maria de Almeida Camargo, Sylvia Bassetto e Vera Lucia Amaral Ferlini.

De todas as colegas, que nos últimos meses colaboraram para o término da redação, dividindo tarefas e atividades.

Do Jorge e do Paulo, que colaboraram para transformar uma vaga intenção em realidade.

Da Gesilda Balbino, do CCE, que conseguiu explicar os mistérios do uso do programa, de modo simples e acessível.

Da Miriam Escobar, pelo apoio constante e auxílio precioso na programação visual da capa.

De meus familiares, que mais uma vez suportaram a redação de uma tese, pelo apoio contínuo.

II. Outros ensaios

São Paulo como objeto: construção e uso[1]

São Paulo é a cidade e o estado – divisões espaciais, políticas, administrativas, demográficas, econômicas – e simultaneamente é um objeto abstrato, sem espacialidade definida, com historicidade difusa, com forte atuação no imaginário local e nacional, recobrindo, ocultando e deformando a percepção histórica e historiográfica.

Este texto apresenta o objeto imaginário *São Paulo*, discutindo as questões de espacialidade, temporalidade, construções do passado, usos ideológicos na história e na política – representações. Utiliza como fonte algumas narrativas historiográficas, dos séculos XVIII, XIX e XX, e materiais da "mídia" em utilização no momento atual, para demonstrar usos e construções simbólicas de um objeto imaginário, um constructo, mas com potencialidade de despertar reações favoráveis ou adversas.

O campo

A utilização de *obras de história* como fonte para estudos analíticos de modo sistemático no Brasil data de cerca de cinqüenta anos, e são eles geralmente denominados *Historiografia*, e não *História da Histó-*

---

[1] Versão preliminar apresentada no XIV Encontro Regional de História – Sujeito na História: prática e representações, realizado na PUC–SP, de 8 a 11 de setembro de 1998, pela Associação Nacional de História – ANPUH – Núcleo Regional de São Paulo.

ria, campo especializado com forma de trabalho específica – análise historiográfica. As razões de tal seleção ainda estão pouco claras, mas podemos pensar na influência de Croce (1911)[2] ou em alteração lingüística.

De modo geral, os historiadores brasileiros indicam que seus trabalhos estão no campo da *Historiografia* quando fazem uma revisão bibliográfica.

Os primeiros trabalhos em *Historiografia* foram apresentados tanto como relações de obras sobre um período, como fez Rodrigues;[3] estudo geral das obras de história, Campos[4] e no Encontro Internacional de Estudos Brasileiros;[5] análise das transformações internas ao campo Lapa[6] e Fico e Polito;[7] análises por fases, Figueira,[8] conjunturas, Mota (1976)[9] e momentos, Costa (1977);[10] por autores Dias

---

[2] Benedetto Croce. *Teoria y historia de la historiografia*. Buenos Aires: EUDEBA, s.d. [1ª. ed. italiana é de 1911, Kracauer indica a 1ª. ed. em 1917.]

[3] José Honório Rodrigues. *Brasil; período colonial*. México: Instituto Panamericano de Geografia e História, 1953; *Historiografia del Brasil, siglo XVI*. Trad. Antonio Latorre. Mexico: Instituto Panamericano de Geografia e Historia, 1957; *Historiografia del Brasil, siglo XVII*. Mexico: Instituto Panamericano de Geografia e História, 1963.

[4] Pedro Moacyr Campos. Esboço da historiografia brasileira nos séculos XIX e XX. *Revista de História*, São Paulo, t. 22, n. 45, p. 107-159, jan./mar. 1961. Idem In: Glénisson, Jean. *Iniciação aos estudos históricos*. São Paulo: Difusão Européia do Livro, 1963, p. 250-293.

[5] Anais do Encontro Internacional de Estudos Brasileiros, São Paulo, set. 1971. São Paulo: Instituto de Estudos Brasileiros/USP, 1972. Ver v. 2, p. 4 - 62.

[6] José Roberto do Amaral Lapa. *A história em questão*. Historiografia brasileira contemporânea. Petrópolis: Vozes, 1976; *História e historiografia: Brasil pós-64*. Rio de Janeiro: Paz e Terra, 1985.

[7] Carlos Fico e Ronald Polito. *A História no Brasil (1980-1989)*. Elementos para uma avaliação historiográfica. Ouro Preto: UFOP, 1992. v. 1. *Séries de Dados*. Ouro Preto: UFOP, 1994. v. 2.

[8] Pedro de Alcantara Figueira. *Historiografia brasileira – 1900-1930: análise crítica*. Assis, 1973. Tese de Doutorado em História. Faculdade de Filosofia de Assis.

[9] Carlos Guilherme S. S. da Mota. *Ideologia da cultura brasileira, 1933-1974: pontos de partida para uma revisão histórica*. São Paulo: Ática, 1977.

[10] Emília Viotti da Costa. Sobre as origens da República. In: *Da monarquia à república: momentos decisivos*. São Paulo: Grijalbo, 1977, p. 243-290.

(1966),[11] Janotti (1971),[12] Costa (1972),[13] Glezer (1976),[14] Odalia (1979)[15] etc.

A partir da década de 1980 outros modos de perceber os objetos da *análise historiográfica* foram surgindo nos trabalhos de Abud (1985),[16] Burmester (1992),[17] Schapochnick (1992),[18] Albuquerque Junior (1994)[19] e Gomes (1996).[20]

Deixamos de lado dezenas de outros estudos, igualmente relevantes para a compreensão da prática histórica no Brasil, como os sobre instituições: Institutos Históricos; cursos de História; autores; temas históricos, que nos encaminhariam para uma abordagem diversa da proposta.

---

[11] Maria Odila Leite da Silva Dias. *O fardo do homem branco: Southey, historiador do Brasil.* São Paulo: Nacional, 1974.

[12] Maria de Lourdes Monaco Janotti. *João Francisco Lisboa: uma contribuição para o estudo da historiografia brasileira.* São Paulo, 1971. Doutorado em História. FFLCH/USP; *João Francisco Lisboa, jornalista e historiador.* São Paulo: Ática, 1977.

[13] Emília Viotti da Costa. José Bonifácio: o homem e o mito. In: Mota A & Carlos G. (orgs.) *1822: dimensões.* São Paulo: Grijalbo, 1972, p. 102-159.

[14] Raquel Glezer. *O saber e o fazer na obra de José Honório Rodrigues: um modelo de análise historiográfica.* São Paulo, 1976. Tese de Doutorado em História Social, FFLCH/USP.

[15] Nilo Odália. *As formas do mesmo: um estudo de historiografia.* Araraquara, 1979. Tese de Livre Docência. ILCSE/Araraquara/UNESP; São Paulo: EDUNESP, 1996.

[16] Katia M. Abud. *O sangue intimorato e as nobilíssimas tradições (A construção de um símbolo paulista: o Bandeirante).* São Paulo, 1985. Tese de Doutorado em História Social. FFLCH/USP.

[17] Ana Maria de Oliveira Burmester. *A (des)construção do discurso histórico: a historiografia brasileira dos anos 70.* Curitiba, 1992. Tese de Professor Titular/História/UFPR.

[18] Nelson Schapochnik. *Letras de fundação: Varnhagen e Alencar – projetos de narrativa instituinte.* São Paulo, 1992. Dissertação de Mestrado em História Social, FFLCH/USP.

[19] Durval Muniz de Albuquerque Júnior. *O engenho anti-moderno: a invenção do Nordeste e outras artes.* Campinas, 1994. Doutorado em História/IFCH/UNICAMP.

[20] Ângela de Castro Gomes. *História e historiadores: a política cultural do Estado Novo.* Rio de Janeiro: Ed. Fundação Getúlio Vargas, 1996.

Os estudos sobre São Paulo

Escolhemos as obras sobre São Paulo para serem objeto de trabalho como demonstração de algumas formas de *análise historiográfica,* especialmente para mostrar como o objeto São Paulo foi construído, nas obras de historiadores.

a. A visão imperial

Os estudos sobre São Paulo possuem geralmente uma característica significativa: podem englobar as perspectivas da cidade, do estado e também do país no mesmo olhar – o que denomino de *visão imperial.*

A história do país e do estado é vista sob um olhar dominante e dominador, definidor das fases, etapas, processos, generalização a qual tudo e todos devem se ajustar, homogeneizando espaços diferenciados econômica e culturalmente.

A quantidade de estudos históricos realizados em São Paulo, o lançamento constante de novos temas de pesquisa, devido principalmente ao peso econômico e cultural da Região Sudeste como um todo, tendem a transformar os estudos em *modelos paradigmáticos.*

O momento inicial, preliminar, o passo primeiro, é o de desembaraçar o campo, para definir o espaço geográfico do qual se fala, sobre o qual se fala, de onde se fala e para quem se fala.

Neste exercício vou trabalhar especialmente com as obras que têm como objeto a cidade de São Paulo, deixando de lado as demais.

Isto feito, a *análise historiográfica* torna-se possível, permitindo o rastreamento das temáticas exploradas e uma avaliação dos estudos realizados sobre a cidade.

b. A análise temática

Podemos iniciar por uma forma tradicional de *análise historiográfica* que abarque as temáticas que dominaram em certos momentos, sendo posteriormente abandonadas. A *análise temática* permite a aglomeração da produção em dois grandes conjuntos. Um deles, o que concentra maior quantidade de obras e abrange a maior parte da história da cidade, é o da *dispersão*, e outro, mais recente, que abrange a maioria dos estudos acadêmicos, é o da *concentração*.

No primeiro bloco, aglutino as obras que estudaram a região desde a chegada de Martim Afonso de Sousa, o processo de ocupação inicial do planalto no século XVI, a penetração do sertão no século XVII em busca de mão-de-obra indígena para ser escravizada, e no século XVIII em busca de minérios e pedras preciosas, o tropeirismo, a introdução da lavoura canavieira e algodoeira até a expansão da lavoura cafeeira, no século XIX e início deste, ocupando regiões até então inexploradas.

No segundo bloco, alinho os estudos sobre a cidade como centro de atração de recursos financeiros, humanos, culturais e tecnológicos, incluindo os estudo sobre organização sindical, atividades econômicas, movimentos políticos e sociais de diversas qualificações, estudos sobre cultura etc.

c. A análise genealógica

Outra maneira de fazer análise historiográfica, de forma a detalhar melhor algumas questões, é pela estruturação em *seqüência cronológica*. Privilegiando os autores paulistas, percebemos que ela começou no século XVIII com Frei Gaspar da Madre de Deus e Pedro Taques, e foi retomada em meados do século XIX, vindo sem interrupção desde então, com momentos de maior ou menor produção.

Do período anterior, dos séculos XVI ao XVIII existem documentos de origem administrativa, crônicas das ordens religiosas e relatos de passagens/visitas pastorais pela região. As histórias do período colonial que incluem informações sobre a região são baseadas nas narrativas dos religiosos e por conhecimento consensual, visto que os documentos de arquivos (estadual e municipal) de São Paulo só foram editados a partir do final do século XIX e início do XX século.

Percorrendo esse trajeto, podemos recuperar os temas e os aspectos mais explorados, isto é, os elementos que foram mais significativos para os autores. Denomino essa forma de *análise genealógica* e nela encontro basicamente o *mito de origem*.

Historiadores, acadêmicos ou não, diletantes e curiosos, amadores e profissionais foram todos influenciados por ele. Nele, de modo esquemático, podemos dizer que o *presente é explicado pelo passado*. Exemplificando: o fato de o núcleo urbano ter sido construído em certo espaço geográfico, em certo momento histórico, com determinadas condições de sobrevivência, com certo modo de vida e valores, serviu e serve de explicação para atuações políticas na conjuntura nacional e explica a metrópole contemporânea.

Tal formulação aparece nos debates sobre quais foram os reais fundadores do Colégio, como se cada um dos padres e/ou noviços, presumíveis responsáveis, tivessem deixado seus traços de atuação, caráter e personalidade na própria cidade. A figura do *pai fundador*, ou dos *pais fundadores*, por um processo de transferência, passou a se concretizar na trajetória do núcleo, nos seus projetos, nos seus problemas.

Uma variante dessa formulação, com maior repercussão pública, pode ser localizada na bibliografia específica sobre os bandeirantes e o bandeirismo, na qual eles aparecem como desbravadores de um espaço, articuladores de uma visão nacional, promotores da expansão geográfica que criou a Nação e integradores de elementos indígenas na formação nacional.

O dinamismo da metrópole contemporânea, o seu processo de crescimento econômico a partir da lavoura cafeeira, a industrialização etc. são explicados pelo culto de "valores" desenvolvido no isolamento do planalto, com saída para o sertão, descrita pelos habitantes da vila como "remédio para sua pobreza", que é talvez a forma mais completa e acabada dessa formulação.

Do mesmo modo, as polêmicas sobre a origem da população colonial (portuguesa ou espanhola), sobre as relações e influências dos colonos das duas Coroas ibéricas, por ocasião dos conflitos e disputas fronteiriças, mascaram a questão da especificidade da colonização ibérica nas Américas e são utilizadas de modo ambivalente tanto para reforçar o tema do específico português e do isolamento, como para apoiar o tema da integração da similaridade e unidade latino-americana.

Compreender o significado da produção sobre a cidade, centrada no *mito de origem*, permite abarcar o viés ideológico nos estudos sobre a cidade, de modo específico. O presente é explicado pelo passado: de algum modo, os homens que subiram a serra e se instalaram no planalto, voltados para o sertão, para o interior, promoveram o processo de conhecimento do território, o alargamento das fronteiras, a exploração da colônia, e que com a mesma atitude dizimaram populações indígenas e recursos naturais, foram clarividentes e previram a significação estratégica da localização do Colégio; previram a futura vila e cidade, a expansão cafeeira, a industrialização, a metrópole contemporânea.

Aceitar ou trabalhar sem discriminação o *mito de origem* é, na verdade, crer em atos de magia que, se podem ser conotativos e denotativos em contexto socioantropológico, nada possuem em comum com a explicação histórica.

O passado descrito e narrado como brilhante e glorioso foi e tem sido utilizado como ponto de apoio para atitudes, relacionamentos e atividades políticas com outros Estados e com o Governo Federal. Na atuação política contemporânea, como já o fora anteriormente, passado e presente se entrelaçam, e cidade e Estado, tratados como homogêneos, formam um todo, uma unidade.

Os estudos historiográficos realizados indicam que o *mito de origem* data de meados do século XVIII, quando o bandeirante foi transformado em símbolo de São Paulo.[21]

Frei Gaspar da Madre de Deus e Pedro Taques de Almeida Paes Leme, por motivos e justificativas diversas, escreveram as primeiras obras históricas sobre São Paulo, as quais, somando-se às fontes coloniais e à

---

[21] Katia M. Abud, op. cit.

historiografia jesuítica espanhola, deram origem ao tema e argumentos da "lenda negra" e da "lenda dourada" dos bandeirantes.

A "lenda negra" que apresenta os habitantes da vila de São Paulo como cruéis assassinos, inimigos dos índios e dos padres, insubmissos vassalos dos reis de Portugal, foi elaborada nos séculos XVI e XVII, baseada em versões de padres jesuítas, especialmente dos espanhóis. Os conflitos existiram tanto no espaço da vila, da qual os jesuítas foram expulsos, apesar de fundadores do Colégio, na disputa pela mão-de-obra dos índios aldeados, e por muito tempo impedidos de retornar, como nas áreas de fronteira nas lutas das duas coroas ibéricas, e nos ataques às missões jesuíticas espanholas.

A "lenda dourada", por sua vez, considera os habitantes da Capitania de São Vicente criadores da nacionalidade, realizadores da obra de colonização, integradores da população indígena no povo brasileiro, defensores do Estado português, proféticos premonitores de um futuro grandioso e brilhante.

Os primeiros historiadores paulistas nasceram e viveram em uma região pobre, sem tradição de vida cultural. Escreveram para narrar os fatos que, em suas concepções e percepções, garantiriam aos descendentes dos sertanistas e bandeirantes o lugar preeminente e merecido na sociedade colonial. Os herdeiros dos desbravadores de um mundo desconhecido consideravam-se herdeiros de tradição nobiliárquica, quer fosse ela originária de Portugal, branca, de "sangue limpo" e da pequena nobreza, quer fosse ela fundamentada na posse da terra, mameluca, proprietária, conquistadora e nobre por méritos próprios.

Os historiadores do século XIX, preocupados com a formação do Estado nacional, a integridade territorial e a homogeneidade do passado, desqualificaram muito os historiadores paulistas do setecentos, considerando-os iludidos e enganados pelas memórias locais, especialmente Cândido Mendes. Isso foi devido à necessidade do Império ser visto como legítimo herdeiro do Estado português, não apenas pela continuidade da família reinante, mas como continuidade institucional, sem rupturas e sem fragmentação territorial.

O tema do passado paulista glorioso e heróico permaneceu nos livros e começou a ser recuperado a partir de meados do oitocentos.

d. Análise das periodizações

Uma outra forma de análise que pode ser utilizada é através da recuperação das periodizações correntes nos estudos sobre a cidade. Se periodizar é um ato aparentemente técnico, que permite a demarcação e delimitação do objeto, a definição da duração, a temporalidade, na realidade ele é o definidor do objeto de estudo. Teoricamente, os marcos temporais devem ser homogêneos e compatíveis entre si, utilizando a mesma base factual como critério.

As periodizações que são localizadas nas obras sobre a cidade cruzam elementos referenciais, como atividades econômicas, modos de vida, técnicas construtivas, local de nascimento, regimes políticos e estatuto legal. Exemplificando, em termos de técnicas construtivas, a periodização seria: taipa, tijolo e concreto. Em termos de atividades econômicas: agricultura de subsistência, bandeirismo de apresamento, bandeirismo de exploração mineral, tropeirismo, lavoura canavieira, lavoura algodoeira, lavoura cafeeira e industrialização. Em termos de modos de vida: bandeirantes, tropeiros, estudantes, fazendeiros, colonos, operários e trabalhadores urbanos. Em termos de regime político: Colônia, Império e República. Em termos de estatuto legal: vila e cidade.

Diversos autores realizaram cruzamento de referenciais, ligando um momento histórico do núcleo urbano com alguma característica.

Encontramos a estruturação tríplice a partir de Américo de Campos (1878), no último quartel do oitocentos, posteriormente repetida em outros autores:

> Tres grandes phases, tres edades bem distinctas estão desenhadas na lenta evolução de sua historia, superposta uma às outras como camadas geologicas:
> A cidade dos padres jesuitas e capitães-mores;

A cidade acadêmica, – a Coimbra americana;
E finalmente a cidade da civilização, a nova cidade que transfigura-se e cresce a nossos olhos...[22]

Bruno dividiu seu estudo monumental em "arraial de sertanistas", "burgo dos acadêmicos" e "a metrópole do café", colocando em apêndice a "cidade contemporânea".[23]

Toledo periodizou sua pesquisa em três fases, a partir das técnicas construtivas: uma cidade de taipa, uma de tijolo e a terceira que está sendo erguida em cima delas.[24]

Pasquale Petrone também sugeriu uma periodização em três fases: primeira fundação, segunda fundação e terceira fundação.[25]

Da mesma forma, alguns álbuns iconográficos adotam a mesma estrutura para periodizar a evolução urbana da cidade, como São Paulo em três tempos.[26]

Encontramos também a periodização dual, em que a história da evolução urbana possui dois momentos distintos: o inicial, "primeira fundação" que abrange dos primórdios da colonização até o último quartel do século XIX e o da "segunda fundação", que tem seu início com a expansão da lavoura cafeeira, incluindo a industrialização e o período contemporâneo.[27]

---

[22] Américo de Campos. A cidade de S. Paulo em 1877. In: *Almach litterario para o anno de 1878*, op. cit., p. 1 - 9.

[23] Ernani da Silva Bruno. op. cit.

[24] Benedito Lima de Toledo. *São Paulo: três cidades em um século*. São Paulo: Duas Cidades, 1981.

[25] Pasquale Petrone. A cidade de São Paulo no século XX. In: Aroldo de Azevedo. *A cidade de São Paulo*. São Paulo: Nacional, 1954.

[26] *São Paulo em três tempos: álbum comparativo da cidade de São Paulo (1862-1887-1914)*. São Paulo: Casa Civil/Imprensa Oficial do Estado/Sec. Da Cultura/Arquivo do Estado, 1982.

[27] Eurípedes Simões de Paulo. *Contribuição monographica para o estudo da segunda fundação de São Paulo: de pequena cidade de há meio século à grande metrópole de hoje*. São Paulo: s.c.p., 1936.

Carlos Lemos também utiliza uma variação dual: "cidade velha" que era de taipa e "cidade nova" de tijolo e cal.[28]

As periodizações tríplices valorizam a continuidade da evolução histórica da cidade, dando homogeneidade e tradição ao tecido histórico e social, e, as duais à ruptura, como se um novo houvesse – sem raízes, sem relação com o período anterior. O conceito de "segunda fundação" tem sido usado por historiadores em regiões com ondas de ocupação humana, superposição de civilizações e culturas, ocupando o mesmo espaço geográfico, criando camadas de vida, que podem ser exploradas arqueologicamente.

No caso da cidade de São Paulo a dualidade sugere dupla ocupação do mesmo "locus" – uma substituição, uma ruptura. Tal não ocorreu: houve continuidade espacial entre vila e cidade e desta com a metrópole. A expansão física da área ocupada, pelo crescimento populacional e demográfico, foi realizada em espaço legalmente pertencente ao termo inicialmente, que depois foi sendo ampliado, agregando os termos vizinhos (terras de aldeamentos indígenas que passaram a ser integrantes do município, e mesmo outro município) – mesmo quadro institucional, legal e jurisdicional.

As transformações da cidade republicana, que alteraram profundamente a fisionomia urbana, o referencial espacial, as técnicas construtivas não permitem a configuração de uma outra cidade, embora o imaginário social e as representações simbólicas possam tratar o espaço urbano como um outro, exótico, diverso, estranho.

Há duas outras características que aparecem nas periodizações aleatoriamente. Uma dela é o uso do aposto, indicativo das dificuldades e impossibilidades dos estudiosos em reconhecer a cidade, valorizando as formas impressionistas: "cidade dos acadêmicos", "cidade do café", "cidade dos fazendeiros", "cidade dos imigrantes", "cidade dos italianos",

---

[28] Carlos Lemos. *Alvenaria burguesa: breve histórico da arquitetura residencial de tijolos em São Paulo a partir do ciclo econômico liderado pelo café*. São Paulo: Nobel, 1985.

"cidade industrial", "cidade dos migrantes", "cidade dos nordestinos", "metrópole industrial", "metrópole de serviços".

A outra, é o uso implícito de cidades paradigmáticas, muito comum nos textos dos viajantes e memorialistas: "grande cidade" ou "cidade civilizada" – qual o padrão selecionado: Paris? Londres? Manchester? Detroit? Cidades do século XIX ou cidades do século XX? Cidades-sede de poder político ou cidades industriais? Metrópoles? Há a necessidade de compreender quais os elementos subjacentes ao referencial utilizado, para que os termos de comparação possam ser estabelecidos.

O objeto *São Paulo*

Mas, além de ser uma cidade, São Paulo é também um objeto criado, sem espacialidade e temporalidade definida, de uso contraditório, mas quase sempre ideológico.

O objeto *São Paulo* não possui uma espacialidade definida, não é uma região geográfica ou legal: é uma área vasta, móvel, incluindo partes de territórios alheios, quer por relações econômicas e culturais, quer por "anexação" simbólica.

O território do objeto é maior que o da cidade e do estado, incluindo o sul de Minas Gerais, o Triângulo Mineiro, o norte do Paraná, Goiás, Mato Grosso do Sul – o chamado Centro-Sul, o "Sul Maravilha". É praticamente impossível agregar dados econômicos e demográficos, pela mobilidade das relações econômicas e inconstância da espacialidade.

As alterações legais regionais e programáticas realizadas pelo Governo Federal não rompem, na prática, os laços econômicos e sociais entre os conjuntos nacionais. Por serem inconstantes e fundamentadas nas divisões políticas dos entes administrativos denominados Estados, acabam não configurando estruturações que existem nas práticas sociais, econômicas e culturais.

A própria desorganização constante dos parâmetros regionais, obra do Estado central contribui para tal situação: no Império havia o *Norte* e o *Sul,* com as *Províncias,* mantidos na Primeira República, com os *Estados.* Após 1930 as regiões foram reformuladas: *Norte, Nordeste, Leste, Sul* e *Centro-Oeste,* com *Estados* e *Territórios.* Nos Governos Militares, para resolver questões políticas alguns Territórios foram sendo transformados em Estados e a configuração das regiões sofreu uma brutal alteração: *Norte, Nordeste, Sudeste, Sul* e *Centro-Oeste.* Quando a região *Sudeste* foi criada, passou a englobar estados das antigas regiões *Leste* e do *Sul*: Espírito Santo, Rio de Janeiro, Minas Gerais e São Paulo – criou um espaço que não contém a totalidade das relações existentes, mas que, por contingências históricas contém a maior parcela da população e a maior concentração de produção industrial.

São Paulo pertencia ao *Sul*: capitanias do Sul, Vice-Reinado do Brasil, Províncias do Sul, Estados do Sul e passou depois para o *Sudeste.*

Ao lado da demarcação regional surgiram outras, para fins de financiamento e subsídios dos programas federais como Sudene, Sudam, Polocentro etc.: *Polígono das Secas, Nordeste legal, Amazônia legal, Centro-Oeste legal, região dos Cerrados.* Na redemocratização dos anos 1980 os territórios desapareceram, dando lugar aos *Estados,* mas também alguns foram anexados a Estados já existentes.

O objeto não possui também uma historicidade demarcada: São Paulo existiu desde o início da colonização, sempre igual a si mesmo. A capitania de São Vicente desaparece, a capitania de São Paulo se confunde com o objeto (as variações geopolíticas e espaciais somem) e o estado é um ente administrativo de menor importância. A temporalidade do objeto é contínua, sem interrupções.

Devemos destacar que em oposição a essa vaga espacialidade, historicidade e temporalidade, o objeto se define como a área de pujança econômica, de poder político e cultural.

O objeto é o campo da vanguarda, da inovação, da inclusão, do cosmopolitismo, em oposição ao restante do país, especialmente ao Nordeste, campo da tradição e do conservadorismo.

Como o campo da vanguarda, nele tudo é possível, desde que sob o rótulo adequado: no comportamento social, na cultura, nas artes. Vanguarda desde 1922, com a Semana de Arte Moderna, com a preocupação com a identidade nacional inclusiva, nas artes, na literatura, na arquitetura.

A opção pela vanguarda, de um lado distinguiu a elite paulista dos imigrantes europeus, que possuíam orgulho da cultura materna, e de outro impossibilitou a literatura regional, que no início do século XX tentara se estabelecer em duplo caminho: um deles, através da valorização do caipira, da cultura caipira, do falar caipira. A outra, na busca de inserção do elemento imigrante, com a literatura ítalo-paulista, tentativa de inclusão do diverso e do estrangeiro.

Diversamente de outras regiões, São Paulo não possui uma expressiva literatura regional, embora tenha autores que exploraram sua história e suas características, como Jorge de Andrade, Abílio Pereira de Almeida, Ignácio de Loyola Brandão e Raduan Nassar. Possui literatura de vanguarda: modernistas, concretistas, neo-concretistas, tropicalistas etc., artes plásticas de vanguarda, música de vanguarda, "mídia" etc.

Como o campo da inovação, sempre pensada em termos econômicos e tecnológicos, nele tudo deve ser o mais atualizado, o mais contemporâneo, o mais atual, passo a passo com o mundo exterior.

O objeto é cosmopolita por definição, internacionalista por opção: a acusação de provincianismo é mortal. Tudo o que existe no mundo pode e deve existir em São Paulo. Os museus de arte possuem acervos internacionais importantes e significativos.

O aspecto mais interessante dele, a nosso ver, é o da inclusão: todos os habitantes do vago espaço são bandeirantes, são paulistas, herdeiros de uma longa tradição de arrojo, coragem, ousadia. Basta estar no espaço, exercer alguma atividade econômica de porte para ser bandeirante. Espírito bandeirante possuem todos os moradores do espaço!

A construção do objeto, fenômeno do início do século XX reforçado pelo uso ideológico realizado por grupos políticos em momentos diversos, pode ser historicamente compreendida.

A existência do objeto São Paulo pode ser vista na produção televisiva corrente, nos vídeos que buscam descrever a cidade e alguns de seus espaços, mas especialmente nas propagandas políticas governamentais e especialmente no horário eleitoral. Os temas de crescimento, desenvolvimento são recorrentes, e até mesmo a "locomotiva" é recuperada.

A representação, a tradição inventada continua sendo a norma no tratamento político interno ao Estado e na relação com o Governo Federal.

A invenção da tradição

Na região do planalto paulista, em oposição a outras áreas de colonização colonial, no Nordeste açucareiro, como Olinda, Recife, no Recôncavo baiano, em Salvador e outras vilas, nas capitais coloniais como o Rio de Janeiro e nas cidades e vilas da mineração, como Ouro Preto, Mariana, Sabará etc., não havia monumentos arquitetônicos, civis, religiosos ou militares, nem obras literárias. Não havia traços arquitetônicos do passado, a não ser de um relativamente próximo.

A preocupação em exaltar o passado, seus grandes homens e atos heróicos pode ser acompanhada na série dos almanaques literários, publicados por José Maria Lisboa, entre 1876 e 1888. Neles encontramos, de modo sistemático, artigos, pequenas notas, reproduções de documentos extraídos dos arquivos ou livros, referentes aos homens corajosos e ao passado glorioso.[29]

O mesmo material deve ter servido aos viajantes que passaram pela Capitania e Província, os quais deixaram uma narração sumária do que haviam visto, e muitas vezes uma longa descrição enaltecedora dos bandeirantes, suas atitudes entre si e com as autoridades metropolitanas.

---

[29] Ver *Almanach litterario de São Paulo para o anno de 1876, 1877, 1878, 1879, 1880, 1881, 1884, 1885*. Ed. fac-similar. São Paulo: Governo do Estado/Casa Civil/Imprensa Oficial do Estado/ Secretaria do Estado da Cultura/Arquivo do Estado/Instituto Histórico e Geográfico de São Paulo, 1982.

Uma leitura apressada dessas obras pode levar ao engano de pensar que para os moradores da cidade no século XIX, no início ou no final, o passado estava vivo e dominante, e que as disputas de poder entre clãs (sic), entre vilas e com os padres jesuítas tivessem ficado entrelaçadas na vida da cidade e seus habitantes bem como as disputas com os funcionários régios e o poder metropolitano.

Na Primeira República, no início do século XX, em conjuntura política peculiar, quando os Estados possuíam autonomia e os projetos das classes dominantes paulistas estavam sendo implantados, novamente o passado se tornou o alimentador de elementos justificativos da ação política.

Conforme Abud estuda, os historiadores que se dedicaram ao tema das bandeiras e do bandeirismo, de forma cuidadosa e com preocupação documental, eram elementos de origem social elevada e politicamente ligados às classes dominantes.[30]

Tais autores, apoiados nos historiadores que os haviam antecedido e nas fontes documentais editadas que analisaram, compuseram o quadro histórico sobre o passado da capitania e província.

Na construção de seus textos, promoveram a transposição do bandeirante do século XVI e XVII para o paulista do século XX, dando sentido de continuidade e qualidade aos habitantes do estado.

O estado de São Paulo passou a ser considerado o herdeiro dos elementos qualificados do bandeirismo: espírito de iniciativa, valentia e arrojo. Da mesma maneira que o bandeirante desbravara os sertões brasileiros, conquistando-os para Portugal e criando o Brasil geograficamente, o paulista, isto é, o estado de São Paulo, melhor dizendo, a oligarquia paulista, construía o progresso do Brasil. A imagem da locomotiva e de seus vagões, que Love utiliza, estava sendo formulada.[31]

Devemos destacar que na formulação da identidade do paulista havia o que os coevos consideraram uma necessidade concreta, premente:

---

[30] Katia M. Abud, op. cit.
[31] Ver Joseph Love. *A locomotiva: São Paulo na federação, 1889-1930*. Rio de Janeiro: Paz e Terra, 1982.

a integração das raças, no território, na economia e na sociedade. Tal necessidade deve ser associada ao fato de a maior parte da população paulista e paulistana ser de origem estrangeira, imigrantes e seus filhos[32], que deveriam ser inseridos no todo histórico em construção, quer via processo educacional como Bittencourt indica,[33] quer via ideológica, de paulista como qualidade e homogeneidade de atitudes e intenções.

O passado foi criado, destacando as diversidades com as outras regiões, como hábitos e valores, transfigurando pobreza em austeridade; procura de índios e ouro em mobilidade expansionista nacional; bastardia e miscigenação em formação da raça brasileira; atividades agressivas de sobrevivência em honrosos serviços ao Estado Nacional.

Tendo criado para si um passado, explorando a coragem de seus habitantes no período colonial e o desbravamento territorial resultante, São Paulo podia se autonomear no século XX o bastião da modernidade e da nacionalidade, provocando em outras regiões do país reação adversa.[34]

Esse passado criado como justificativa do presente foi e é muito útil até nossos dias, pois o *mito de origem* possui o poder de dificultar a compreensão do passado e da realidade atual.

Tendo criado para si um passado, explorando a coragem de seus habitantes no período colonial e o desbravamento territorial resultante, São Paulo podia se autonomear no século XX o bastião da modernidade e da nacionalidade.

A mesma construção continua vigorando na propaganda política estadual e busca nas mesmas imagens e nos mesmos argumentos a legitimação das vontades partidárias.

---

[32] Ver Alfredo Ellis Junior. *Resumo da história de São Paulo – quinhentismo e seiscentismo.* São Paulo: Tip. Brasil, 1942, esp. Prefácio, p. 3-6.

[33] Ver Circe Maria Fernandes Bittencourt. *Civilização, pátria, trabalho. (O Ensino de História nas escolas paulistas, 1917-1930).* São Paulo: Loyola, 1990.

[34] Ver Durval Muniz de Albuquerque Júnior, op. cit. Ele data dos anos 1920 a reação ao domínio dos paulistas.

O campo da História[1]

Propor a uma historiadora, que tem como um de seus objetos de estudo a cidade de São Paulo, a oportunidade de falar sobre a metrópole e sobre os estudos que existem acerca dela, é desencadear uma miríade de possibilidades.

Estudar e escrever sobre a cidade de São Paulo é, para mim, um projeto emocionante e arriscado. Emocionante porque estudar a questão da urbanização, centrada na cidade em que vivo, representa uma dupla reconciliação: uma delas é com minha profissão e a formação recebida. Retomei os estudos de História Urbana no final dos anos 1970, depois de meu doutorado em História, retornando de certa maneira ao que fora meu projeto inicial de Mestrado, nos anos 1960, sob orientação da Profª Drª Emília Viotti da Costa. A outra é com a própria cidade: como todo(a) paulistano(a), as transformações brutais que a estrutura urbana sofreu a partir dos anos 1960, deixaram a marca do desaparecimento de um viver urbano, talvez imaginado, em uma outra cidade, com outras condições e com uma relação diversa. A forma de compreender e superar a perda da cidade natal é estudá-la, procurar compreender o processo ocorrido, perceber a trama complexa das transformações urbanas que aconteceram e acontecem no Brasil, em seu processo histórico.

---

[1] Versão preliminar foi publicada no *Caderno da História de São Paulo*, Museu Paulista/USP, v. 1, p. 9-14, 1992.

Há emoção também no retraçar o passado da cidade, percorrendo 438 anos, se iniciamos a contagem a partir da fundação do Colégio dos Jesuítas, em 1554, ou 431, se optamos, como marco, pela transposição da vila de Santo André para o Colégio de São Paulo, em 1560. É uma velha cidade por suas datas, poderíamos supor. Uma das mais antigas do país, pelo menos. Como enfrentar o desafio de trabalhar com tal duração?

Os perigos cercam o trabalho, em níveis diversos, sob mantos diferentes. Talvez este texto se prenda mais aos perigos e entraves do que ao que já conhecemos da cidade.

Trabalhar com a história da cidade, genericamente, já envolve alguns riscos. Um deles é o que denomino de "padrão paradigmático", isto é, a preocupação em buscar e encontrar em estudos realizados em outras áreas, espaciais ou temporais, modelos de análise e interpretação. A necessidade de modelos externos, que se transformam em paradigmas, acaba criando uma visão deturpada do objeto de estudo: vê-se, não o real, mas o que o modelo prevê, forçando explicações e criando parâmetros ilusórios com outros tantos fenômenos. A formação teórica, que é fundamento para o trabalho científico, transforma-se, quando ocorre em tal contexto, em uma malha rígida que impede a percepção do objeto em si. Podemos compreender a necessidade que temos, como especialistas, de nos apoiarmos na produção realizada, nas teorias e modelos explicativos já testados, nos conceitos verificados. No caso do estudo de cidades, tal situação leva ao risco da perda do específico, do objeto em si, na deformação do material disponível. A tendência é procurar o que é o geral em todos os estudos definidos como modelos paradigmáticos, confirmando-os, reforçando-os e não debatendo outras possibilidades.

Outro risco existente é o da "visão imperial", que é o de transformar os estudos realizados para a cidade de São Paulo em modelos de outros estudos, para outras realidades. Geralmente, os estudos que têm como objeto de pesquisa a cidade de São Paulo, quer como objeto, quer como cenário do movimento social, econômico ou político, acabam sendo transformados em modelo de vários outros estudos, aplicados a diversas regiões e diversas realidades, que reproduzem país afora as mesmas características, propostas, formulações concebidas para essa cidade e os fenômenos que aqui tiveram lugar.

A razão de tal tendência é facilmente compreensível, pelo peso dos estudos históricos desenvolvidos aqui, desde a fundação da Faculdade de Filosofia, em seus cursos de graduação e, posteriormente, de pós-graduação.

Se os estudos históricos mantiverem as duas tendências que descrevemos acima, e continuarem se reproduzindo como que por cissiparidade, provavelmente acabaremos com um conjunto razoável de estudos, um volume talvez considerável de produção científica no campo da História, mas com muito pouca contribuição ao conhecimento do processo histórico nacional.

O terceiro risco existente é o do "viés ideológico", que permeia a maioria dos estudos sobre a cidade, questões de urbanização etc. Parte dos estudos urbanos está profundamente marcada pela relação emocional com a cidade, uma relação a qual me atrevo a chamar de "visceral" – um misto de amor e ódio à cidade, ao urbano. Tais emoções em suas múltiplas e complexas faces, percorrem os estudos, em todas as matrizes epistemológicas, em todos os matizes ideológicos. Uma das dificuldades dos estudos urbanos é captar tal relação, de maneira que os modelos analíticos são utilizados com o seu viés ideológico, ou melhor, emocional, intacto. Nos estudos sobre a cidade de São Paulo há alguns outros riscos, que tentaremos discriminar posteriormente.

Além das dificuldades acima citadas, há os entraves materiais: a difícil localização do material nos arquivos públicos, que deixam a desejar em termos de instrumentos de pesquisa, quase inexistentes; o acesso dificultado aos arquivos cartoriais e judiciais, institucionais e privados, o que leva o pesquisador a procurar o que sabe que existe nos acervos, o que de certa forma acaba bloqueando avanços. Das difíceis condições de financiamento, equipamentos para leitura e reprodução de microfichas e microfilmes, edição de trabalhos, não há o que sequer comentar.

Nem mesmo os grandes arquivos, como o Arquivo Municipal "Washington Luís" ou a Divisão do Arquivo do Estado, oferecem condições ideais de acesso e pesquisa, mas pelo menos estão em situação melhor do que anteriormente. Os arquivos cartoriais, judiciais, de instituições públicas, estatais ou privadas, são questões mais complexas e delicadas, nem sempre acessíveis, quer por política institucional, quer mesmo pelas precárias condições documentais.

Entretanto, a cidade de São Paulo possui, entre as cidades brasileiras, um conjunto considerável de material produzido, reunido em algumas bibliotecas, de consulta obrigatória, tais como a Biblioteca Municipal Mário de Andrade; a biblioteca do Instituto de Estudos Brasileiros – IEB/USP; a biblioteca do Instituto Histórico e Geográfico de São Paulo, para nos determos apenas nos acervos mais completos, que são complementares entre si, mas devendo sempre lembrar da dezena de outros que contêm material pertinente.

Devemos destacar a existência, para o pesquisador, de três preciosos instrumentos de pesquisa, que servem como guias orientadores, as bibliografias. São elas, por seqüência de publicação: *Manual bibliográfico da Geografia Paulista* (junho de 1956), organizado pela comissão de Geografia Regional, com o item "A cidade de São Paulo e sua região", com duzentos títulos; a *Evolução urbana da cidade de São Paulo*. Estruturação de uma cidade industrial (1872-1945), obra coordenada por Maria Lúcia Perrone Passos, que contém 1.130 títulos, centrada apenas em monografias; e, embora especializada, de alto valor, *1001 Testes sobre o Brasil urbano*. Catálogo bibliográfico (1940-1989), organizado por Lícia do Prado Valladares, no qual localizamos 180 títulos diretamente referentes à cidade.

Para os iniciantes, essas bibliografias permitem o contato tanto com o que foi produzido sobre a cidade, como com as fontes impressas e iconográficas. Aos especialistas, permitem rastrear o crescimento dos estudos acadêmicos, sobre as variadas temáticas e visualizar as lacunas.

Mas, o que contêm as obras sobre a cidade de São Paulo? Como podemos compreender o que foi produzido, como inseri-las no contexto cultural?

Aos especialistas, o conhecimento do material produzido leva à etapa seguinte, praticamente obrigatória, de tentar ultrapassar a informação quantitativa existente, o que exige a análise historiográfica. Nesse campo, a dificuldade inicial é que há uma quantidade ponderável entre os elementos apresentados nas bibliografias que correspondem a materiais que exigem cuidados específicos em seu tratamento: álbuns fotográficos, relatórios oficiais e oficiosos, descrições de viajantes, descrições de memorialistas. Uma outra vertente da produção, que exige atenção especial, é composta pelas obras das pessoas que, interessadas pela cidade em geral, ou por um tema limitado, ou por um aspecto curioso, escreveram sobre ela, e o fizeram de forma romântica e romanceada, entrecruzando dados e criação literária.

Quando nós tentamos articular uma análise historiográfica que inclua essa produção, pois não pode ser descartada, quer pelo volume, quer pela importância dos elementos que formam seu conteúdo implícito e explícito, encontramos alguns empecilhos.

Se escolhermos o caminho tradicional, que para mim, é o da análise em seqüência cronológica de produção, recuperando temas e aspectos abordados, na época de sua produção, corremos o risco de fazer a *análise genealógica*, na qual se encontra basicamente o mito das origens.

Certamente que historiadores e não historiadores são igualmente influenciados pelo mito das origens. Em formulação esquemática, podemos dizer que por ele, o presente é explicado pelo passado, isto é, o fato de a cidade ter surgido em certo local, em certa época, em certas condições, com certos valores explica a metrópole contemporânea, define o caráter de seus habitantes, serviu de explicação para certas atitudes e comportamentos em determinadas conjunturas políticas nacionais.

Como exemplo da forma de apresentar o mito das origens, podemos citar os debates sobre os fundadores, como se cada um dos presumíveis fundadores deixasse seus traços de personalidade na própria cidade. A figura do pai fundador se explicita na trajetória da cidade, nos seus propósitos, nos seus projetos. Podemos considerar como uma variante desSe mito o conjunto de obras centrado na questão do bandeirante e do bandeirismo, como articuladora de uma visão nacional; do bandeirante como criador da nação pela expansão geográfica; da formação nacional integrando os elementos indígenas; do culto de "valores" desenvolvidos no isolamento do planalto, como se a saída para o sertão, descrita pelos habitantes de São Paulo como "remédio para sua pobreza", explicasse o dinamismo da metrópole contemporânea, o processo de industrialização e expansão econômica.

Todos nós que tivemos ou temos algum contato com as obras sobre a cidade de São Paulo reconhecemos os traços mencionados.

Da mesma forma, as polêmicas se a população colonial era de origem espanhola ou portuguesa, as relações e a influência entre os colonos das duas coroas ibéricas, os conflitos e disputas fronteiriços mascaram a questão das colonizações ibéricas na América e são utilizadas tanto para reforçar o tema do isolamento e do isolacionismo, como para o tema da integração e das similaridades.

Compreender o significado da produção sobre a cidade, centrada no mito das origens, nos permite abarcar o "viés ideológico" nos estudos sobre a cidade, de forma específica. O presente é explicado pelo passado: de alguma forma os homens que subiram a serra e se instalaram no planalto, voltados para o sertão, para o interior, que promoveram o processo de penetração e exploração da colônia, que dizimaram de forma semelhante a população indígena e os recursos minerais, foram clarividentes e previram a significação estratégica do local escolhido para a instalação do Colégio; previram a futura cidade, a expansão cafeeira, a industrialização, enfim, a grande metrópole.

Aceitar cegamente o mito das origens é, em verdade, crer em atos de magia, que podem ser significativos em seu contexto socioantropológico, mas que nada possuem em comum com a explicação histórica. Um passado brilhante e glorioso, em processo de reasseguração mútua com um presente pujante, serviu e serve de ponto de apoio para atitudes e relações políticas com o governo federal e os demais estados. Passado e presente entrelaçados formam a unidade da cidade.

Podemos datar o início da produção centrada no mito das origens no período republicano, e facilmente relacioná-la com o papel político da oligarquia paulista, desejosa de justificar seu predomínio político, e fazendo-o através da criação de um passado heróico, glorioso e mitificado.

Diferentemente das outras regiões de ocupação do período colonial, por suas características de localização, condições de vida e hábitos, a área do planalto paulista não possuía monumentos arquitetônicos civis, militares ou religiosos, nem uma razoável produção cultural, nenhum traço de brilho ou esplendor, nada que pudesse exibir materialmente do passado exaltado. Talvez, por isso mesmo, o passado criado precisou ser tão diverso do de outras regiões, destacando hábitos e valores, no qual foi transfigurada a pobreza em austeridade; a procura de índios e ouro em mobilidade expansionista nacional; a bastardia e miscigenação em integração e formação da raça brasileira; as atividades militares de sobrevivência e agressão em expressivos e honrosos serviços de defesa nacional etc.

Esse passado criado como justificativa do presente serviu e serve até nossos dias, pois o mito das origens possui muita utilidade para ocultar e dificultar a compreensão do passado, que é forma tradicional de evitar sua superação.

Uma outra forma de analisar a produção é através da recuperação dos temas explorados, uma *análise temática* das obras sobre a cidade. Um cuidado inicial a ser tomado é o de não confundir os temas com a periodização, o que ocorre com um número considerável de obras. Em termos de análise temática, podemos concentrar toda a produção cultural sobre a cidade em dois grandes temas. Um deles, que abrange o mais longo período histórico da vida da cidade é o da dispersão, e o outro mais recente, concentrando a produção acadêmica contemporânea, é o da concentração. Claramente, para essa formulação de análise historiográfica, estamos-nos valendo das brilhantes e inovadoras análises históricas de Sérgio Buarque de Holanda sobre a região do planalto paulista.

Rearticulando a produção cultural sobre São Paulo nesses dois temas, verificamos que no dispersão está concentrada a maior parte dela, pois abarca historicamente desde o início do processo de ocupação do planalto, no século XVI, até a expansão cafeeira, do século XIX e XX. No tema de concentração estão de forma predominante os estudos acadêmicos, que têm como objeto a cidade a partir do momento em que ela se transformou em centro de atração de recursos financeiros, humanos, tecnológicos e culturais.

Gosto de distinguir a questão da análise historiográfica daquela pertinente à periodização. Periodizar é um ato aparentemente técnico para o historiador ou para qualquer um que escreva história, pois é um recurso obrigatório para a delimitação do tempo. Para os estudos sobre a cidade de São Paulo a espacialização está dada, e é de mais fácil manipulação, embora seja igualmente complexa. Mas a questão da temporalidade, da seleção dos marcos temporais, que de forma simplista, estão visíveis aos nossos olhos, oculta uma questão conceitual profunda. Teoricamente, os marcos temporais devem ser homogêneos, isto é, utilizar a mesma base factual, o que estranhamente não acontece na história da cidade, na maioria das obras.

De maneira bastante característica, a cidade possui periodizações que cruzam elementos referenciais claramente contrastantes, tais como atividades econômicas, modos de vida, técnicas construtivas, local de nascimento, regimes políticos e estatuto legal. Geralmente as periodizações são utilizadas indiferenciadamente. Exemplificando, em termos de técnicas construtivas, a periodização é feita em: taipa, tijolo e concreto. Em termos de atividades econômicas: agricultura de subsistência, bandeirismo de apresamento, bandeirismo de exploração mineral, tropeirismo, lavoura canavieira, lavoura cafeeira, industrialização. Em termos de estatuto legal: vila, cidade e metrópole. Em termos de modos de vida: bandeirantes, tropeiros, estudantes, fazendeiros, colonos, operários, trabalhadores urbanos.

O uso indiscriminado de periodizações contraditórias, da mesma forma que o uso de apostos indica, principalmente a incapacidade dos estudiosos de reconhecer as características da cidade, deixando que formas impressionistas acabem sendo dominantes e referenciais.

Quando tentávamos entender as dificuldades existentes no estudo da cidade de São Paulo, cercada por mitos, análises ideológicas e contraditórias, periodizações impressionistas, retornamos aos estudos sobre cidades no Brasil, e encontramos um panorama meio desolador. Existem numerosos estudos sobre cidades, em sua esmagadora maioria, centrados nas origens históricas, nos fundadores, enfim, dominados pelos mitos de origens. Em termos de produção histórica analítica há realmente muito pouco, o que de alguma maneira nos chocou: a dimensão socioeconômica e cultural do processo de urbanização dos últimos quarenta anos pouco foi destacada na produção cultural, tanto em termos acadêmicos como em termos literários. O objeto cidade e o fenômeno da urbanização pouco atraíram os historiadores. Separando as obras dos historiadores do conjunto de trabalhos dos especialistas sobre o urbano e a cidade, verificamos a escassez da produção.

Raros autores dedicaram-se ao tema, que é relativamente recente na história nacional. Sérgio Buarque de Holanda foi pioneiro ao abordar, ainda que de forma ensaística, o tema em seu estudo *Raízes do Brasil*. Gilberto Freyre interessou-se por ele, basicamente como contraponto ao mundo rural. Plínio Salgado, em seu exílio, dedicou uma obra ao tema. Posteriormente, Emília Viotti da Costa, em seus estudos sobre o final do século XIX no Brasil, dedicou-lhe um artigo.

A leitura e análise cuidadosa dessas obras permitem verificar que o tema central de cada uma delas é o da colonização. Esse tema, tão rico e significativo para os estudos históricos no Brasil, foi retomado por Capistrano de Abreu em 1907, transformado em eixo da produção desde então, sob aspectos e formas diferenciados e continuou dominante até os anos 1970.

A interrupção dos estudos históricos sobre o mundo colonial talvez possa explicar a escassez de estudos sobre a urbanização.

Talvez o próprio fato de ser a população urbana dominante tão recente no Brasil, possa ser uma das explicações plausíveis, um dos motivos de o fenômeno ainda não ter chamado devidamente a atenção dos estudiosos. Talvez devido ao próprio sistema de representação política, que deixa a produção urbana sub-representada nos corpos legislativos. Talvez devido ao peso da tradição, do domínio do mundo rural sobre o urbano.

Tantas dúvidas e incertezas, com a sensação de que não nos dedicamos aos temas relevantes para a compreensão de nosso passado e que por isso mesmo, estamos sempre amarrados, impossibilitados de superar os entraves deixados por ele.

Um outro conjunto de questões que podem ser levantadas nos estudos históricos sobre a cidade de São Paulo é o das lacunas decorrentes da inexistência de estudos em áreas especializadas, aos quais possamos recorrer, como os da demografia histórica, da história econômica, da história social quantitativa etc. Os dados populacionais são contraditórios, os dados sociais talvez fraudados nas fontes, tais como os dados econômicos. Temos muitas perguntas sendo feitas e poucas respostas oferecidas: qual a população real? Qual sua taxa de reprodução? Qual sua taxa de natalidade e de mortalidade? Qual a produção existente? Qual a área explorada? E sua rentabilidade? Etc.

Infelizmente, não temos os estudos que permitam obter tais respostas e sem elas, como sem muitas outras que constantemente são realizadas, os estudos continuam em bases impressionistas.

Mas também não temos os estudos sobre a legislação vigente no mundo colonial, sequer uma coletânea, um inventário, qualquer instrumento que nos auxilie no cipoal da legislação portuguesa. Não estou sugerindo um vocabulário de termos jurídicos e de sua aplicação, muito menos uma edição completa da própria legislação metropolitana. Afinal, parece que não acreditamos em leis e que, em decorrência, não precisamos conhecê-las.

Uma outra questão que merece consideração especial quando tratamos dos estudos sobre a cidade de São Paulo é o reconhecimento referencial utilizado nos termos de comparação, tanto dos viajantes estrangeiros, como dos memorialistas nacionais e mesmo dos estudiosos acadêmicos estrangeiros: qual é a cidade referencial? Paris? Nova York? Rio de Janeiro? Manchester? Detroit? Chicago? Dependendo da cidade referencial, as descrições são variadas, os adjetivos, as explicações, os prognósticos etc.

Sobre essa cidade, tão grande e tão pouco conhecida, que cresceu de forma descontrolada e avassaladora, deixando de ser apenas a cidade dos nascidos nela e se tornando a cidade dos que nela vieram morar e trabalhar, há ainda um precioso elemento para sua compreensão: seus habitantes adotaram o "novo", o "atual" como elemento auto-referencial, como pudemos observar na eleição do símbolo para os anos 1990. Essa cidade nova, com cerca de cem anos de existência (pois o processo de expansão para área externa ao perímetro colonial e imperial data do final do século XIX), tem a característica do culto do novo, do moderno, do monumental, da destruição, da renovação e da transformação. Para seus habitantes, o símbolo emblemático dos anos 1990, significativo, é a Avenida Paulista – não a que está comemorando cem anos, a área residencial da elite paulista nos inícios dos anos republicanos, mas sim o poderoso centro financeiro contemporâneo que demarcou com seus monumentais prédios o perfil da cidade.

Bibliografia

Bibliografias:

Evolução urbana da cidade de São Paulo. Estruturação de uma cidade industrial (1872-1945), coord. Maria Lúcia Perrone Passos. São Paulo: Eletropaulo; Secretaria Municipal de Cultura, 1990.

Manual bibliográfico da Geografia Paulista (junho de 1956), org. pela Comissão de Geografia Regional. São Paulo: IBGE; Conselho Nacional de Geografia, 1957.

1001 teses sobre o Brasil urbano. Catálogo bibliográfico (1940-1989), org. de Lícia do Prado Valladares, Maria Josefina C. Sant'Anna e Ana Maria L. Caillaux. Rio de Janeiro: IUPERJ; São Paulo: ANPUR, 1991.

Monografias:

Costa, Emília Viotti da. *Da Monarquia à república; momentos decisivos*. 1. ed. São Paulo: Grijalbo, 1977.

Freyre, Gilberto. *Sobrados e mucambos*. Decadência do patriarcado rural e desenvolvimento urbano. 2. ed. Rio de Janeiro: José Olympio, 1954.

HOLANDA, Sérgio Buarque de. *Raízes do Brasil*. 5. ed. Rio de Janeiro: José Olympio, 1969.

As transformações da cidade de São Paulo no final do século XIX e no início do século XX[1]

A história de São Paulo tem sido meu campo de pesquisa há alguns anos, na perspectiva do processo de urbanização, abarcando do período colonial, com suas especificidades na criação do espaço urbano e formas de administração, ao imperial e ao contemporâneo, origem da preocupação com o tema.

Abordaremos algumas das transformações que ocorreram na cidade de São Paulo na passagem do oitocentos para o novecentos, em percurso que, iniciando pela historiografia sobre a cidade, passa pelo crescimento demográfico e físico, a criação de um passado, observando as alterações nas formas de construção das residências, nos padrões de ocupação do espaço urbano e nas formas de controle e aquisição de imóveis urbano e como esses elementos contribuíram para configurar a cidade em suas características.

Ao falarmos da história da cidade de São Paulo utilizamos alguns lugares-comuns, que aparecem em quase todas as obras – afirmações consensuais na bibliografia.

A mais usual, em termos de periodização, é a de que a cidade, de sua elevação à vila em 1560 até 1870, tenha tido uma característica e, a partir de 1870, tenha se transformado em uma outra cidade, com outras funções, outros habitantes, outros espaços. Alguns autores consideram esse momento de "segunda fundação". E outros acrescentam a terceira

---

[1] Versão preliminar publicada em *Cadernos da História de São Paulo*, Museu Paulista/USP, v. 3-4, pp. 17-28, 1995.

e quarta, como se em cada fase em que outras características se tornam dominantes uma nova cidade fosse criada. Concordamos que a imagem retórica é atraente, mas não há fato histórico que corresponda ao sentido etimológico da frase.

Outro ponto consensual é a referência às técnicas construtivas: taipa, tijolo, concreto. A vila e cidade colonial e imperial foram feitas em taipa: taipa de pilão, taipa de mão. A partir do último quartel do oitocentos o tijolo começou a ser utilizado em algum lugar da taipa, permitindo maior complexidade na construção. A vila de taipa, a cidade de taipa passou a ser de tijolo e depois de concreto.

Nos dados sobre a infra-estrutura econômica, encontramos que era uma pequena vila, dedicada à subsistência; uma cidade com atividade comercial decorrente de ser um cruzamento de caminhos, que cresceu no século XVIII com a introdução das plantações de cana na Capitania, como passagem obrigatória para o porto de Santos, com as plantações de algodão depois, mas que realmente só adquiriu importância e significado com a expansão da cafeicultura.

Estamos sempre repetindo essas informações quando estudamos a cidade: da pequena cidade para a grande cidade, da taipa para o tijolo e concreto, do açúcar para o café.

Ainda em termos de infra-estrutura econômica e social, falamos também da substituição do trabalho escravo pelo trabalho livre. Em São Paulo houve escravidão indígena e escravidão negra, e a partir de meados do oitocentos começaram a chegar em maior quantidade trabalhadores brancos, assalariados formalmente, que vinham por um sistema de contrato de trabalho, o que indicava a tendência para o trabalho livre.

A vinda de imigrantes para trabalhar nas fazendas de café e na área urbana em ofícios especializados, para os quais não existiam artesãos ou operários especializados também é dado constante: está nas obras de Ernani da Silva Bruno, Gilberto de Barros, Benedito Lima de Toledo e outros.

Entre 1870 e 1900 a área crescera. Por trezentos anos a vila, e a cidade, ficara no espaço concentrado entre o Anhangabaú e o Tamanduateí

– o "Triângulo", as casas de taipa, os raros sobrados, as igrejas e suas torres, o Palácio do Governo e a Câmara Municipal. Essa área passou a ser o "centro velho", o "centro histórico". O espaço urbano foi ampliado, dominando os sítios e chácaras do entorno, formando o "centro novo", a "cidade nova" dos fazendeiros de café. Os mapas editados dos anos de 1868 a 1897 demonstram claramente o processo de expansão da área física da cidade.

A população urbana dobrou em cinco anos: em 1890 havia 65 mil habitantes, que passaram a 130 mil em 1895! E em 1900, a cidade contava com 240 mil habitantes – 84,6% de crescimento. Uma explosão demográfica de 269% na década, quase 14% ao ano.

O crescimento demográfico decorreu inicialmente da necessidade de mão-de-obra para as lavouras de café, que carreara sucessivamente escravos de outras regiões do país, imigrantes para substituição destes como mão-de-obra livre e trabalhadores nacionais. Na última década do século entraram no estado 700 mil imigrantes, e uma parte deles ficou na área urbana ou para ela retornou.

A cidade cresceu oferecendo serviços e infra-estrutura para o comércio do café e para o consumo dos fazendeiros, atraindo os libertos, os imigrantes, os caipiras expulsos das áreas rurais próximas, os migrantes de outras regiões do país. O processo de macrocefalia urbana se iniciou, e em 1900 a cidade já concentrava 12,3% da população estadual.

A dimensão da explosão demográfica pode ser visualizada na tabela da página seguinte:

Tabela de crescimento populacional de São Paulo

ANOS %	BRASIL	% AUM.	SP estado	% AUM.	SP cidade	% AUM.
1823**	4.000.000					
1850**	8.020.000	100,5				
1872*	9.930.478	23,82	840.000		31.400	
1886**					44.030	40,22
1890*	14.333.915	44,34	1.400.000	66,66	65.000	47,62
1895**					130.000	100,00
1900*	17.438.434	21,65			240.000	84,61
1905**					300.000	25,00
1910**	23.000.000	31,89			375.000	25,00
1920*	30.635.605	33,19	4.592.188	228,01	579.033	54,40
1930**			5.851.475	27,42	901.645	55,71

* Dados estatísticos IBGE (corrigidos) do *Anuário Estatístico IBGE*, 1990.
** Dados presumidos, sem correção.

Moradia, trabalho e condições de vida se tornaram problemas mais agudos – e até nossos dias sem solução –, a separação entre ricos e pobres (que já havia) se fortaleceu e se transformou em permanência, mantida e agravada pela (não) atuação dos poderes públicos.

No "centro velho", a trama econômica e social era desigual, mas senhores e escravos, ricos e pobres conviviam espacialmente: sobrados com lojas no térreo, conventos, casas, cortiços, e casebres se aglomeravam em lotes irregulares e desalinhados. O padrão de ocupação do espaço físico urbano era de adensamento, concentração e homogeneidade: todos e tudo compartilhavam a área limitada. Os recursos tecnológicos eram limitados e escassos para todos. A população predominante era mestiça.

A administração municipal no Império não conseguira regulamentar e controlar a vida urbana, por carência de autoridade e de recursos financeiros, pela dependência legal e orçamentária da Assembléia Provincial. A constante reiteração das posturas municipais, as dificuldades de fazer cumprir as determinações legais estão nas Atas da Câmara Municipal.

As intenções normativas e reguladoras existiam, foram discutidas e votadas, mas raramente foram implementadas.

A "cidade nova", em expansão, foi obra republicana. Logo após a proclamação da República, o Governo Provisório permitiu a criação de bancos emissores e companhias por ações, com o objetivo de ativar o funcionamento da economia, o que possibilitou uma "bolha especulativa" – o Encilhamento. Em São Paulo, ele se deu através da especulação imobiliária, também facilitada pelas mudanças nas formas de registro de propriedade de terra.[2]

A Primeira República, com o sistema político de autonomia administrativa e financeira, permitiu ao poder público municipal e estadual investir na cidade, transformando sua aparência, sua infra-estrutura e condições de vida, mas somente em algumas áreas e para alguns de seus moradores.

O padrão de ocupação do espaço físico se transformou totalmente, passando da homogeneidade à diversidade. As mudanças dos padrões de construção podem ser recuperadas quer na iconografia quer na legislação de construção e seus registros. As construções nos locais privilegiados passaram a ter porões para proteção contra a umidade, e surgiram além dos sobrados isolados ou geminados, edifícios de dois e três andares, com pé direito alto. Os recuos frontais e laterais começaram a ser exigidos. Elementos decorativos externos passaram a integrar a construção.

As construções de moradias populares não se preocupavam em seguir as exigências da legislação, correndo paralelamente ao legal: salubridade, insolação, ventilação, recuos não eram objetos de preocupação para os construtores e moradores.

A área ocupada se expandiu de forma diferenciada. Os dados de crescimento predial confirmam: em 1886 havia 7.012 prédios, com 6,8 habitantes por prédio e em 1900, 21.656 prédios, com 11,07 habitantes por prédio. Em que locais estavam esses prédios?

---

[2] Reinéro Antônio Lérias. *O Encilhamento e a cidade de São Paulo, 1890-1891*. Mestrado em História Social/FFLCH/USP. São Paulo, 1988.

Os bairros residenciais, como Santa Ifigênia, Campos Elíseos, Consolação, Liberdade e Vila Mariana, cresceram nas áreas altas, mais salubres. Ocupação geométrica, quarteirões reticulados, calçadas. Palacetes, casarões e sobrados de estilo europeu, tijolo, vidro, móveis de padrão europeu, porcelanas, pianos e livros. Serviços urbanos de infra-estrutura: água, luz, calçamento, bondes, ensino, bons modos e educação. Essa cidade está muito bem documentada: iconografia, literatura, memorialística, viajantes, relatórios oficiais de diversos órgãos públicos e privados.

As indústrias se instalaram ao lado das linhas das estradas de ferro, buscando a facilidade de transporte e os terrenos baratos nas baixadas e os trabalhadores as acompanharam, estabelecendo sua moradia nos terrenos desvalorizados, alagadiços e insalubres aquém e além dos rios Tamanduateí e Tietê: Ipiranga, Cambuci, Moóca, Brás, Pari, Luz, Bom Retiro, Barra Funda, Água Branca, Lapa. Casinhas, sobradinhos geminados, vilas e cortiços. Casario baixo, de tijolo, compacto, denso, entremeando as unidades fabris. Transporte limitado. Trabalho pesado nas fábricas para mulheres e crianças por muitas horas e salário irrisório. Trabalho eventual para os homens com especializações ou artes. A documentação para essa cidade, em constante crescimento, dispersa espacialmente, é limitada: há a escassa iconografia e os documentos materiais que até os anos 1980 resistiram ao processo de transformação.

Em nossos dias há ainda exemplares arquitetônicos residuais, mas em rápido desaparecimento, pelo processo de verticalização acelerada e adensamento no centro expandido.

A "cidade dos fazendeiros" era simultaneamente a "cidade dos imigrantes", que crescia social e espacialmente separada, mas economicamente relacionada. Em 1890, a população predominante era branca (63%). Em 1900, os italianos eram 50% da população urbana.

Quando a "cidade dos imigrantes" foi percebida pelos velhos moradores, encontrou resistências e preconceitos: os "novos habitantes" eram assustadores, eram "homens gritadores, violentos e criminosos", a cidade era a "cidade dos italianos", com seus dialetos ruidosos, suas roupas típicas, procurando serviço que permitisse seu sustento: carroceiros, pedreiros, pintores, amoladores de facas, seleiros, mascates, músicos, tocadores de realejo, vendedores de jornais, pregoeiros. Sem emprego fixo e sem direitos políticos.

Os negros, mulatos, pardos, caipiras, os trabalhadores nacionais foram classificados de "indolentes" e "preguiçosos", e preteridos nas lavouras em favor dos imigrantes. Também eles refluíram para a cidade. Onde estavam? Nos bairros pobres, abandonados, igualmente desqualificados... Mulheres encontravam trabalho nos serviços domésticos, muitas vezes sem salário. Esses homens constituíram a mão-de-obra mais barata, para alguns trabalhos: carga e descarga de trens, mudanças, trabalhos braçais pesados.

Nas primeiras décadas do século XX, na Primeira República, o poder público municipal, com auxílio do estadual, realizou intervenções limitadas, tentando controlar e disciplinar as construções destinadas aos trabalhadores, atender aos problemas de saúde, principalmente durante as epidemias, buscando nacionalizar os filhos dos imigrantes pela instrução, criando grupos escolares. Mas também agiu com violência e arbitrariedade, fechando escolas étnicas ou ideológicas, perseguindo, prendendo, exilando internamente e expulsando anarquistas e lideranças operárias, desqualificando as culturas dos imigrantes e dos nacionais pobres, legislando em favor do capital e das classes dominantes.

O crescimento físico da área urbana não foi acompanhado pelos poderes públicos, quer municipal, quer estadual, ocorrendo pela necessidade dos moradores da cidade e pela ação dos especuladores imobiliários, que ocuparam e lotearam as regiões do entorno da cidade, em um processo que continua até nossos dias.

Simultaneamente ao processo demográfico e físico de expansão da cidade, ocorreu uma outra criação, a do passado glorioso. Na passagem do período imperial para o período republicano a história da cidade (e do estado) teve sua percepção transformada na historiografia.

O processo de transformação do regime imperial para o republicano contou com as atividades sistemáticas de fazendeiros intelectuais paulistas. Quando a República foi proclamada e o sistema federalista implantado, o estado de São Paulo possuía características diferentes do restante do país, sem homogeneidade racial e cultural – era heterogêneo, pelo processo de ocupação territorial e pelo processo imigratório.

Diversamente do Nordeste (então Norte e Bahia), Minas Gerais e Rio de Janeiro (então Leste), não havia na cidade um passado colonial visível em monumentos, em obras literárias, nem tivera atividades econômicas que tivessem deixado marcas residuais. Os republicanos paulistas precisaram criar um passado que justificasse o presente. E criaram uma nova história: a de uma vila gloriosa, de uma cidade muito importante, uma raça característica de São Paulo.

A necessidade ideológica levou à criação de um passado que justificasse o presente pujante e poderoso, econômica e politicamente.

Sabemos a história de São Paulo através da produção dos historiadores republicanos, que criaram a história da vila e cidade: o seu passado glorioso – as imagens de passado.

Podemos citar, por exemplo, o fato de a vila ter sido um bastião militar. Para essa historiografia, tal fato se tornou uma característica diferenciadora – uma população a serviço do Rei, a serviço da colonização, tão dedicada a atividades de defesa que por três séculos forneceu à Coroa Portuguesa, todos os homens em armas que foram necessários para a expansão territorial e para as defesas fronteiriças, além da ocupação de outras áreas.

Os seus habitantes foram transformados em figuras heróicas – os bandeirantes, que foram transformados em símbolos: da população paulistana, da paulista, da coragem, do arrojo, da inovação, do amor à aventura. Esse símbolo serviu de elemento de ligação entre o passado colonial homogêneo e o presente republicano fragmentado. A eleição do símbolo foi feliz: o bandeirante era uma figura heróica e gloriosa. Heróica porque penetrou pelo sertão e foi caçar o índio; porque foi defender as fronteiras no sul; porque andou até o Peru e abriu a área da Amazônia pelo interior; porque todas as vezes que na colônia, a Coroa Portuguesa precisou de guerreiros, de militares, ela os obteve na vila e na cidade.

Retirando o manto da criação ideológica, o passado estava servindo para justificativa do presente, porque São Paulo (ou melhor, os líderes dos republicanos paulistas) colaborara na Proclamação da República e havia conseguido implantar uma forma de governo, o federativo, que favorecia o seu projeto – o projeto da classe dominante, da oligarquia cafeeira.

O passado colonial não fora diverso do das outras regiões do país. Quando comparamos o processo de colonização, entendemos o papel da vila de São Paulo. Todas as vilas régias, vilas portuguesas surgidas após a Reconquista, foram criadas como bastiões militares – característica que fazia parte das cartas de criação, dos forais. As vilas criadas em terras livres, em terras da realeza, tinham o dever de fornecer homens em armas, defender o território, representar a Coroa na administração local, na justiça, e na cobrança de tributos. O que os historiadores do começo do século definiram como as características específicas da vila de São Paulo eram formas usuais de existência das vilas em Portugal.

A vila fora um bastião militar – como todas as vilas portuguesas desde a Reconquista. Cabia a ela fornecer homens em armas para a guerra contra os índios, para a defesa dos territórios, sua obrigação – obrigação do Conselho da Câmara, pois cada vila tinha um alcaide, um chefe militar da área, a pessoa designada como responsável pelas tropas, pela defesa, pela manutenção do território.

Acontecia da mesma forma no território português na metrópole, no Atlântico ou no Índico: as Câmaras Municipais administravam as suas propriedades, o território em nome da Coroa, como suas representantes, com ligação direta com o Rei, com direito a recurso direto. Os oficiais das Câmaras no território português no Atlântico se sentiam diretamente ligados à Coroa, não aos capitães, aos donatários nas Capitanias, aos loco-tenentes dos donatários, aos governantes gerais ou aos Vice-Reis. Eles eram subordinados ao Rei, que lhes concedera o dever de defender o território real.

O papel de bastião militar que a vila de São Paulo exercera, através da ação de sua Câmara, estava de acordo com os padrões metropolitanos: protegia o litoral de ataques de inimigos (índios ou espanhóis) vindos do sertão.

O estudo de Caio Prado Júnior demonstra o papel fundamental da vila (e cidade) no cruzamento de caminhos: o do sul, o do interior, o do Rio de Janeiro, o de Minas Gerais.

A vila possuía uma função estratégica, como todas as vilas portuguesas, o que foi transformado pelos historiadores em um fato diferenciado, glorioso.

A população de São Paulo até meados do século XIX era predominantemente mestiça, porque poucas mulheres vieram para as Capitanias do sul e raras mulheres subiram a serra até a construção do Caminho de Lorena no século XVIII. A serra era escalada a pé ou em redes carregadas pelos índios, levando a perigosa viagem dias e dias. Havia poucas mulheres brancas no planalto de Piratininga. Uma das características da população, que aparece nos "Maços de População", é que a maioria das mulheres não era casada: estas eram chefes de família, com filhos geralmente de pais diversos. Havia raros homens brancos que podiam ser os oficiais da Câmara, os militares. Passavam eles o tempo cuidando de suas propriedades para garantir a subsistência, ou em atividades militares, defendendo o território em nome do rei, ou em busca de mão-de-obra e no processo de expansão.

Diversos autores discutem o fato de a língua dominante não ser o português. As *Atas da Câmara* estão escritas em português. O escrivão obrigatoriamente conhecia o português, o que talvez não acontecesse com todos os oficiais da Câmara. A maioria dos nascidos na vila provavelmente falava a "língua geral", o que indica a influência indígena na estrutura familiar, visto que os filhos falam geralmente a língua da mãe.

Os padres eram alfabetizados, provavelmente escreviam para os fazendeiros de maior porte. Os grandes proprietários de terras no planalto não tinham um produto de exportação rentável e atraente economicamente, tendo dificuldades de adquirir escravos negros, que tinham grande valor. Utilizavam a população indígena, mesmo com as proibições legais, tendo escravos índios, os "negros da terra".

Essa população mestiça foi transformada em uma população diferenciada. Oliveira Viana se referiu a ela como uma população ariana, porque os povoadores da vila de São Paulo teriam vindo do Norte de Portugal – loiros, claros, portanto, arianos.

Sabemos que no Norte de Portugal parcela dos habitantes era de origem celta: loiros de olhos claros. E a definição do autor citado veio a calhar para justificar o passado glorioso numa época de teorias raciais e teorias racistas: uma população absolutamente diferente da brasileira – uma pequena vila, isolada, ocupada e colonizada por arianos, gloriosamente defendida por eles.

Todo o passado colonial foi relido e transformado em atos heróicos: heróicos bandeirantes; heróicas lutas contra os índios; heróicas defesas da fronteira portuguesa; heróicas lutas contra os jesuítas espanhóis que estavam ameaçando as possessões da Coroa portuguesa; heróica população, mais heróica ainda porque era uma população ariana, absolutamente diversa da existente e predominante no restante do território português no Atlântico.

O passado foi construído tanto para o período colonial como para o imperial. Como ocorreu essa construção no Império? Através de dois elementos históricos que tiveram sua significação alterada: o título da cidade e a localização da Academia de Direito.

Na relação das cidades imperiais por população ou significado econômico, a cidade de São Paulo sempre estava abaixo de outras capitais de província. Contudo, poucas cidades do Império receberam a honra de serem "Cidades Imperiais". A cidade de São Paulo recebeu esse título e isso foi transformado em fato de distinção. Os motivos da concessão podem ter sido vários: quer por ter sido o local da Proclamação da Independência (nas margens do riacho do Ipiranga, hoje poluído e maltratado); porque os Andradas eram da Capitania de São Paulo e eles tiveram peso e influência no processo de Independência, ou por influência da Marquesa de Santos.

Outro elemento foi a Academia de Direito. Na Assembléia Constituinte de 1823 os deputados discutiram a necessidade de formar quadros administrativos, que substituíssem os que vinham da colonização, para o novo Estado. O modo tradicional metropolitano de administrar incluía três figuras: o militar, o clérigo e o letrado. As escolas militares já existiam, trazidas por D. João, mas eram para a formação de alguns elementos especializados, restritivas, limitadas. O clero era formado pela Igreja. Os letrados geralmente eram formados em Direito, em Coimbra. Havia a necessidade de existir pelo menos um curso de Direito.

Duas cidades foram escolhidas para ter cursos de Direito: Olinda e São Paulo. A cidade de Olinda foi escolhida pelo seu papel tradicional, pelo fato de ter na região de Recife, que é próxima, um cruzamento de rotas que ligam o Nordeste e o Norte. E a cidade de São Paulo, que também controlava um cruzamento de rotas na Região Sul e porque era apropriada para estudantes, pois "nela não havia nada que os pudesse perturbar na sua fundamental tarefa de estudar": não havia teatro, não havia diversões, nada. O que poderiam os estudantes fazer na cidade? Apenas estudar...

Subjacente ao debate político, há o peso político dos Andradas; o peso político da Região Sul; o do bloco de administradores, letrados, que ela tradicionalmente fornecera à Coroa, que afinal era a mesma, com a mesma família reinante e os mesmos funcionários régios.

A existência da escola foi lida por esses historiadores de modo original: a cidade adquiriu ares de um centro cultural. E autores, no final do Império, se referem à cidade de São Paulo como a "Coimbra Americana". Criaram-se os mitos em torno da Escola de Direito: em torno dos políticos que passaram por ela, que fora concebida exatamente para tal finalidade (para formar os novos quadros administrativos-burocráticos-políticos) – letrados para a administração imperial. O que era o papel básico e tradicional foi transformado em inovação, emblema de honra. Todas as histórias sobre o Largo de São Francisco trazem a relação dos políticos que nela estudaram e a relação dos autores da literatura nacional que foram acadêmicos.[3]

---

[3] Ver Raquel Glezer. "São Paulo e a elite letrada brasileira no século XIX". *Revista Brasileira de História* – Política & Cultura. São Paulo: ANPUH/Marco Zero/CNPq/FINEP, n. 23/24, set. 1991/ago.1992, p. 19-30.

Recriou-se o passado, transformado em glorioso, para que o presente vivido tivesse significação e para que o futuro pudesse continuar glorioso. Os historiadores no começo do período republicano tiveram a preocupação em recuperar as fontes do passado colonial e recuperar a história imperial, pois precisavam delas para definir que o presente que estavam vivendo era importante e significativo.

Para dizer que a heterogeneidade racial no estado de São Paulo não tinha importância, pois o espírito bandeirante garantia a uniformidade: os novos habitantes, na verdade, eram, da mesma forma que os antigos, bandeirantes, pioneiros que estavam abrindo novas regiões para colonização e para ocupação. Estavam contribuindo para o enriquecimento do estado. Estavam dando sua colaboração para o Estado, da mesma forma que os bandeirantes haviam dado.

Fez-se a continuidade entre bandeirantes e a população coeva; fez-se a continuidade entre as formas de governo, definindo a importância do Estado sobre o indivíduo.

A criação do passado foi realizada porque havia necessidade desse passado e desse presente. Só compreendemos a história da cidade de São Paulo quando lemos as obras de Taunay, as de Alfredo Ellis, quando andamos pelo Museu Paulista e percebemos como ele é construção, se entendermos porque era importante para esses homens, construir um passado. Eles não o fizeram gratuitamente. Fizeram porque era de fundamental importância para eles, como elementos da elite intelectual, garantir a identidade da população, garantir a continuidade do Estado.

Eles viam a população imigrante como uma ameaça constante. Trazida para trabalhar nas lavouras e nas obras de infra-estrutura, a massa populacional transformou e deu outra configuração ao estado e à cidade. Tenho a impressão que talvez houvesse a idéia que quando terminassem os contratos de trabalho, ela iria sumir, voltar ao seu lugar de origem, sem deixar sinal, sem deixar traços de sua existência. A oligarquia cafeeira, classe dominante, de repente se viu às voltas com milhares de pessoas, no campo e nas cidades, que não tinham o português como língua materna, sem relação de identidade com o Estado brasileiro (eram estrangeiros), e aos quais, nada fora oferecido, a não ser as mínimas condições de sobrevivência.

Os textos memorialísticos e de viajantes da passagem do século se referem a essa massa como um bando de arruaçeiros, gente muito perigosa, que falava línguas estranhas. Os viajantes que percorreram a cidade nos anos 1880, e que haviam estado anteriormente nos anos 1850 se referem "a gente esquisita que anda na rua", a essa "gente que não fala o português mas uma algaravia que fica ressoando nas ruas", com "roupas estranhas", entre outros comportamentos.

No campo do preconceito, sabemos que tudo aquilo que não conhecemos é assustador e deve ser retirado da nossa visão. Tudo o que não compreendemos, se não puder ser destruído, deve ser transformado e homogeneizado.

A população imigrante era percebida como extremamente perigosa, primeiro porque ela se tornara a maioria da população; segundo porque passara a exercer variadas funções no campo e nas cidades. Como integrar essa massa esquisita na população brasileira, já que ela não fora embora, já que ficara e com os seus numerosos filhos? Na seleção de emigrantes fora dada preferência às famílias com prole numerosa, pois os fazendeiros preferiam contratar famílias, e as com dez, doze ou quinze pessoas, para trabalhar: mão-de-obra farta e com baixo salário. De repente, as quinze pessoas se multiplicaram, se tornaram centenas, milhares: estranhas, exóticas, perigosas.

Os caminhos escolhidos para diminuir o grau de periculosidade da maioria da população foram dois: a criação de um passado com um símbolo de inclusão, o bandeirante, adjetivo que teve o uso ampliado e estendido para todos os habitantes do estado, e a criação de um sistema educacional.

O Estado de São Paulo, logo no começo da República, criou um sistema escolar: escolas elementares, que tinham como ponto fundamental o ensino da história do Brasil, da língua pátria, da moral e do civismo, a criação de uma identidade nacional – a criação de uma massa brasileira. Formou-se uma rede de escolas: o grupo escolar rural ou urbano, que pretendia educar as crianças das famílias mais pobres por quatro ou cinco anos, o que na prática se reduzia para dois ou três, tempo suficiente para introjetar as noções de civismo consideradas importantes. Tentaram expandir o uso da língua portuguesa, proibindo a existência das escolas que ensinavam em língua materna: escolas italianas; escolas alemãs e escolas japonesas. O sistema educacional foi criado para nacionalizar as massas populares.[4]

A construção de uma identidade com dois níveis de atuação diferenciados funcionou adequadamente. De um lado, o passado glorioso foi criado, e de outro, no sistema escolar ele passou a ser transmitido. As crianças não aprendiam muito conteúdo nos grupos escolares, que eram escassos e excludentes. As que freqüentavam as escolas, o faziam por um ou dois anos, em que aprendiam o básico na história do Brasil, fundamentalmente a história de São Paulo, um pouco da língua portuguesa e nacionalismo.

Um nacionalismo barato que Alcântara Machado, na década de 1920 descreveu de modo cruel, em *Laranja da China* – o tom de sarcasmo percorre o texto: a população pobre, trabalhadora, fala mal o português, pois a língua materna é outra (o ítalo-brasileiro, o germano-brasileiro), mas deve ser integrada. Integrada na língua portuguesa, na cultura nacional e também no mercado de trabalho, porque, à medida que a economia crescia, havia a necessidade de mão-de-obra minimamente qualificada.

O sistema educacional serviu para qualificar a mão-de-obra, não muito, mas o suficiente, e para transmitir o passado glorioso: a vila, a pequena cidade foi transformada em uma vila gloriosa, em uma cidade fascinante. A população heterogênea foi transformada em homogênea. A leitura de Joseph Love é muito elucidativa: *A locomotiva*. A locomotiva é São Paulo, locomotiva que puxa os vagões vazios, o restante do Brasil na óptica da oligarquia paulista – uma criação desses historiadores, o

---

[4] Ver Circe Maria Fernandes Bittencourt. *Civilização, Pátria, Trabalho*. O ensino de História nas escolas paulistas (1919-1930). Mestrado em História Social/FFLCH/USP. São Paulo, 1988.

que ajuda a entender como o nosso passado glorioso foi criado e quais foram suas motivações ideológicas.

O curso está sendo realizado em uma sala de exposição que apresenta como esse passado foi criado em imagens, como de uma fotografia do período imperial se criou um quadro pseudo-histórico, reconstituindo o passado, que nunca existiu dessa forma: uma pequena cidade de padrão colonial. Vejam as fotos de Militão de Azevedo, vejam os processos de construção do passado: a partir da cidade de 1860 se construiu uma outra cidade, a colonial. O historiador Taunay foi um dos construtores desse passado, através de suas obras e de sua atuação como diretor do Museu Paulista. E nós herdamos esse passado e o reproduzimos. A primeira ruptura com esse passado foi a Revolução de 30, quando o ensino de história estadual foi proibido e as bandeiras estaduais foram queimadas, com um processo de militarismo e centralismo na educação que se tornou dominante, apagando as especificidades regionais.

Uma outra transformação possível de ser analisada é a de mudança de funções que geralmente tem sido apresentada da seguinte forma: era uma "cidade de acadêmicos" e virou uma "cidade de fazendeiros" e depois uma "cidade de imigrantes".

Analisando de outro ângulo, podemos dizer que a cidade teve, entre os anos de 1830 e 1870, uma função educacional predominante e que nos anos seguintes ocorreu uma alteração, passando a ter os serviços como dominante.

Apenas a transformação em cidade de serviços pode explicar o salto populacional entre os anos de 1886 e 1900. Quais os serviços que a cidade passou a ter e que antes não possuía?

Tudo o que denominamos de setor terciário: comércio de exportação e de importação, mas também para toda a população que passou a adquirir quase todos os elementos para sua sobrevivência, serviços de água, esgotos, galerias pluviais, serviços bancários, comunicações como correio, telégrafo, telefones, transportes ferroviários e transportes urbanos, mecanizados ou com animais, transporte rodoviário, serviços domésticos e serviços especializados em geral, artesanais ou artísticos.

Há ainda generalizada a idéia que uma cidade só cresce quando ela se transforma em industrial. São Paulo cresceu em população e área física antes de ser uma cidade industrial. Nos relatórios de 1900, o que encontramos é uma cidade de serviços, não industrializada. Inclusive porque o conceito de indústria era estruturalmente diferente: oficinas de velas, chapelarias, fabricantes de carruagens, eram todas industriais – todas fabricavam coisas, eram industrais. As poucas indústrias que existiam em 1900 não explicam o crescimento e a sobrevivência da população.

O crescimento físico e demográfico da cidade, além dos fatores conhecidos de ser cruzamento de rotas comerciais e da chegada da estrada de ferro, facilitando as comunicações entre o litoral e o interior, pode, em nosso entender, ser atribuído a dois processos. O primeiro foi a definição de área urbana, que permitiu a expansão da cidade, deixando-a crescer em outros espaços que antes eram rurais, e o segundo, a mudança do padrão de ocupação da área urbana, possibilitando a dispersão dos habitantes.

O processo de definição da área urbana foi concretizado da seguinte forma. Por tradição colonial a área urbana da vila, depois cidade de São Paulo era propriedade da Câmara Municipal e podia ser doada como usufruto, em troca de aforamento ou não. A obtenção de terra, na área urbana, era por pedido de "data de terra". A Câmara controlava o território de meia légua redonda em torno do marco central, que era a Sé, na área que tomou o nome de rossio, correspondente a cerca de 3 km.

O rossio existia na legislação portuguesa: era uma das propriedades que o Conselho possuía, além dos moinhos, estradas, pontes, chafarizes. O rossio era um campo comum para o gado e para recolhimento de lenha, um "campo comunal", um "bem comum".

Quando os oficiais da Câmara pediram a doação do rossio, por uma mudança de sentido, este passou a ser entendido como um espaço sob seu controle direto, contendo casas e terras, e quando foi demarcado, o foi como um todo, não sendo separado o espaço do campo comunal. Os marcos de meia légua desapareceram com os anos, mas até o início do século XX havia no Brás a região do Marco – o marco da meia légua. O marco fisicamente não mais existia, mas as pessoas se referiam à região como a do "marco de meia légua". E a meia légua estava em volta da cidade de São Paulo.

Essa era a área que a Câmara na prática controlava, pois todos os moradores dentro dela estavam submetidos à lei, ao policiamento, à justiça e às obrigações: pagar os impostos, defender a vila (cidade) e participar das duas procissões anuais obrigatórias, uma do padroeiro e a de Corpus Christi, visto que Estado e Igreja estavam intimamente relacionados e esta última servia à administração.

No Império, uma das leis básicas para sua compreensão, segundo Raimundo Faoro, foi a que extinguiu a autonomia das Câmaras Municipais. Não há estudos sobre a lei de outubro de 1828, que transformou as Câmaras Municipais em corporações administrativas, retirando as funções coloniais de polícia, de justiça, as funções militares, redefinindo as funções administrativas e subordinando-as à Assembléia Provincial e aos Presidentes de Província. Mudou completamente a estrutura e o funcionamento das Câmaras, mas elas continuaram a ter patrimônio, procedendo a aforamentos, e com a possibilidade de doar terras, para atrair moradores. Por exemplo: a Câmara Municipal de São Paulo doou terras por todo o período imperial. Em 1850, o governo imperial editou a Lei de Terras, que contém um aspecto urbano pouco conhecido, pois definiu a "área urbana". E definiu-a de forma complexa, misturando legislações de momentos diferentes, o que dificulta o processo de compreensão.

A Lei de Terras data de 1850, o Regulamento de aplicação da Lei de Terras de é 1854. A Lei de Terras dizia que toda terra que tivesse proprietário deveria ser registrada. O Regulamento dizia que todas as propriedades que existissem no espaço urbano, fora da "área definida como urbana propriamente dita", deveriam ser registradas. São os conhecidos "Registros Paroquiais" de 1854, que todas as cidades e vilas, as que existiam então, têm, ou deveriam ter. Porque todos os moradores que estivessem em vilas ou cidades, em área urbana, obrigatoriamente teriam que ir até a igreja da freguesia em que moravam, definir ou provar sua propriedade e o pároco anotaria as informações. Temos no Arquivo do

Estado os "Registros Paroquiais", que são registros de terra, registros de propriedade. Em 1855, foi emitida uma Circular do Império, definindo que só ficaria isenta do "Registro Paroquial" a área urbana que constasse como "área da décima urbana".

Todas as Câmaras, vilas e cidades coloniais tinham um termo, uma grande circunscrição, e o rossio. O termo tinha seis léguas de extensão no interior, um vasto território de 36,6 km. Área tão grande que as Câmaras não conseguiam controlar e praticamente só o faziam em seu entorno, o que em São Paulo era conhecido como rossio.

Em 1809, o Príncipe Regente D. João criou, para financiar as despesas públicas, uma legislação tributária para imóveis urbanos, a chamada Décima Urbana, que sobreviveu com alterações no Império, e cujo arrolamento de propriedades forneceu o que foi definido como a área isenta da obrigatoriedade de registro, "área urbana", o que denominamos "perímetro urbano". Assim, um rol de propriedades para cobrança de impostos de 1809 definiu a área urbana isenta de registro, em 1856, o que permitiu uma vasta apropriação das terras que anteriormente eram de rossio, sob o controle da Câmara Municipal e que puderam ser registradas como propriedade particular.

Na cidade de São Paulo, o primeiro arrolamento, de 1809, da Décima Urbana abrangeu 56 ruas, becos, praças e pontes, com 1.288 moradias.[5] A confusa discussão sobre o sentido dos termos "terra devoluta" e "terra pública" colaborou igualmente para que o patrimônio municipal pudesse ser apropriado e transformado em mercadoria.

Logo após a Proclamação da República, o Governo Provisório criou o sistema de registro de propriedades denominado de "Registro Torrens", o que permitiu mais uma vez a apropriação de terras de posseiros e do patrimônio público, possibilitando que o Encilhamento em São Paulo fosse baseado na especulação com terrenos urbanos.

---

[5] Ver Raquel Glezer. *"Chão de terra": um estudo sobre São Paulo colonial.* Tese de Livre-Docência em Metodologia da História/FFLCH/USP. São Paulo, 1992; e São Paulo, cem anos de perímetro urbano. *História.* São Paulo: FUNDUNESP, 1994, n. 13, p. 155-166.

O segundo aspecto a destacar, foi o da mudança do padrão urbano, rompendo a tradicional continuidade de ocupação e criando o esquema característico da ocupação urbana da e na cidade, a especulação imobiliária: terrenos vazios aguardando a valorização e o processo de ocupação deslocado sempre para um ponto mais distante, mais barato, mais longe dos controles administrativos porventura existentes, atraindo os mais pobres. Após a chegada dos serviços e dos impostos, pela valorização dos terrenos, a população pobre é expulsa para um outro ponto distante, repetindo-se o mesmo processo.

Tratar a cidade na virada do oitocentos para o novecentos é falar de transformações e permanências. As primeiras são as mais conhecidas e exaltadas. As segundas quase sempre ficaram ocultas, no véu da exclusão: expansão urbana desordenada, descontínua, com serviços e infra-estrutura defasados, desrespeito à legislação. Trabalhadores e pobres foram sendo empurrados cada vez mais para longe da área central, para lugares sem serviços urbanos, sem infra-estrutura, sem emprego, distantes também do aparato administrativo e controlador do Estado, que até nossos dias não consegue estar presente nas fímbrias da ocupação urbana.

Fontes

Atas da Câmara Municipal da cidade de São Paulo, século XIX. São Paulo: Prefeitura Municipal de São Paulo, 1940/1948.

Bibliografia citada

BARROS, Gilberto Leite de. *A cidade e o planalto: o processo de dominância da cidade de São Paulo*. São Paulo: Martins, 1967. 2 vols.

BITTENCOURT, Circe Maria Fernandes. *Civilização, Pátria, Trabalho*. O ensino de História nas escolas paulistas (1919-1930). Mestrado em História Social/FFLCH/USP. São Paulo, 1988.

BRUNO, Ernani da Silva. *História e tradições da cidade de São Paulo*. Rio de Janeiro: José Olympio, 1953. 3 vols.

ELLIS JR., Alfredo. *Capítulos de história social de São Paulo*. São Paulo: Nacional, 1944.

ELLIS JR., Alfredo. *Raça de Gigantes: a civilização no planalto paulista*. São Paulo: Helius, 1926.

FAORO, Raymundo. *Os donos do poder*. Formação do patronato político brasileiro. 5. ed. Porto Alegre: Globo, 1979.

GLEZER, Raquel. "São Paulo e a elite letrada brasileira no século XIX". *Revista Brasileira de História – Política & Cultura*. São Paulo: ANPUH/Marco Zero/CNPq/FINEP, n. 23/24, p. 19-30, set. 1991/ ago. 1992.

GLEZER, Raquel. "O campo da História". In: Os campos do conhecimento e o conhecimento da cidade. São Paulo: Museu Paulista/USP, 1992, p. 09-14. Série *Cadernos de História de São Paulo*, 1.

GLEZER, Raquel. "*Chão de terra*": um estudo sobre São Paulo colonial. Tese de Livre-Docência em Metodologia da História/FFLCH/USP. São Paulo, 1992.

GLEZER, Raquel. "São Paulo, cem anos de perímetro urbano". *História*. São Paulo: FUNDUNESP, n. 13, p. 155-166, 1994.

GLEZER, Raquel. "Visões de São Paulo". In: BRESCIANI, Maria Stella Martins (org.). *Imagens da cidade – séculos XIX e XX*. São Paulo: ANPUH-SP/MARCO ZERO/FAPESP, 1994, p. 163-175.

LÉRIAS, Reinéro Antônio. *O Encilhamento e a cidade de São Paulo, 1890-1891*. Mestrado em História Social/FFLCH/USP. São Paulo, 1988.

LOVE, Joseph. *A locomotiva: São Paulo na federação brasileira, 1889-1937*. Trad. V. A. C. da Silva. Rio de Janeiro: Paz e Terra, 1982.

MACHADO, Antônio de Alcântara. *Laranja da China*. 2. ed. São Paulo: IMESP/DAESP, 1982.

PRADO JR., Caio. *Cidade de São Paulo: geografia e história*. São Paulo: Brasiliense, 1983.

QUEIROZ, Suely Robles Reis de. *São Paulo*. Madri: MAPFRE, 1992.

TAUNAY, Afonso d'Escragnolle. *Ensaios de história paulistana*. São Paulo: Imprensa Oficial, 1941.

TAUNAY, Afonso d'Escragnolle. *História colonial da cidade de São Paulo*. Depto. de Cultura, 1956.

TAUNAY, Afonso d'Escragnolle. *História da cidade de São Paulo no século XVIII*. São Paulo: Imprensa Oficial, 1931.

TAUNAY, Afonso d'Escragnolle. *História da cidade de São Paulo sob o Império*. São Paulo: Arquivo Histórico, 1956.

TOLEDO, Benedito Lima de. *Três cidades em um século*. 2. ed. São Paulo: Duas Cidades, 1983.

VIANNA, Francisco José de Oliveira. *Populações meridionais do Brasil*. 3. ed. Belo Horizonte: Itatiaia/ São Paulo: Edusp, 1987.

Este livro foi impresso em são paulo pela gráfica vida & consciência no inverno de 2007. no texto da obra foi utilizada a fonte garamond, em corpo 10,8, com entrelinha de 15,1 pontos.